CHINESE CALLIGRAPHY EDUCATION Ⅵ

(六)

主编 黄 啸

编者 湖南美术出版社现代美术教育研究所

著者 解小青 等

学术指导：中国教育学会书法教育专业委员会

顾问（排名不分先后）

王世征　张荣庆　张凤民　郭振有　雷　实　王立群
侯开嘉　黄　惇　苏士澍　刘守安　沃兴华　陈洪武
郑晓华　甘中流　刘　石

主编　黄　啸

编委（排名不分先后）

朱小林　朱乐鹏　吕金光　陈志平　张新俊　杨　军
李　放　沈　浩　李洪志　李逸峰　孟庆星　罗红胜
高秀清　解小青　虞晓勇　薛养贤　黄　啸　谭石光
曾　瑜　宋吉昊　徐　徽　冯亚君

出版说明

书法教育古已有之，从商代留下的甲骨文习字刻辞可以看出，其有只书不刻的练习和直接锲刻成的示范供学生临摹，二者可能是学习者在巫师指导下进行锲刻的专业性训练。西周教育实行"六艺"，包含礼、乐、射、御、书、数。其中"书"是指文字读写，这时的书法教育已经拥有了固定的范本，据传太史籀用大篆作字书十五篇，作为启发童蒙的识字课本，由此，书法教育已趋规范。秦朝，天下一统，实行"书同文"的政策，并将李斯所作《仓颉篇》、赵高所作《爰历篇》、胡毋敬所作《博学篇》作为"小学"中文字教育和书写教育的范本，全面推行小篆，三篇字书后被统称为"秦三仓"。秦朝虽国祚不长，但在统一文字方面做出了突出的贡献。

西汉，虽官方仍使用篆书，但隶书已在民间普及，秦代三篇字书已不能满足教学所需，故经整理合为一章，称为《仓颉篇》，其与黄门令史游的《急就章》（又名《急就篇》）共同成为汉代学童学习文字和书法的范本。至东汉，最早的文学艺术大学——鸿都门学（因其位于洛阳鸿都门内，故称鸿都门学）正式设立，其专授辞、赋、书、画，学子通过举送进行选拔性考试，学成后多被授予高官。鸿都门学一时非常兴盛，学生多达千人。鸿都门学的设置，虽招致士大夫激烈反对，但促使书法教育上升为独立的艺术教育，并与这一时期草书的盛行一起，标志着书法已从文字观念约束中解放出来，冲破了太学自建立以来将经学作为唯一教育内容的樊篱，是一个创举。

唐代，书法教育兴盛。东西两京国子监专设"书学"一门，培养书法人才，以《正始石经》《说文解字》《字林》为范本，学子学成考试合格后被授予官职。同时期的科举也与书法教育有着较大的联系，文字和诸体书法是分科取士中"明书"一科的主要考试内容。铨选官员也有"身、言、书、判"的"四才"标准，其中的"书"就要求"楷法遒美"。

宋代，随着以书取士和官员书法考核的取消，士子们开始模仿当世名家的书体，形成当时特有的"趋时贵书"现象。同时，《淳化阁帖》等刻帖的盛行，大大地开阔了学书者的眼界，学帖成为一种社会风气，开"帖学"之先河。

元代，赵孟頫所倡导的复古书风盛行，使宋代"尚意"的个人书风复归"二王"，重新回到传统书法的轨道当中，"师法魏晋"是新的书法教学风潮。落实在书法教育方面就是全面恢复古法，追寻"二王"笔法，如吾丘衍的《学古编》等，对后世产生了积极的影响。

明代，书法发展分为三个时期。明初的"中书舍人"一职，主要承办内阁交付的誊写工作，以"三宋、二沈"（"三宋"指宋克、宋广、宋璲，"二沈"指沈度、沈粲）为代表，其书法被称为"台阁体"，被当时官员、学子所效仿；明中期以来，吴门书派、云间书派等地域书派崛起，他们刊刻的字帖，丰富了书法范本，如文徵明的《停云馆帖》和董其昌的《戏鸿堂帖》；明代晚期，以王铎、傅山等书家为代表的书法，打破了以往行草书的书写习惯和书写风格，大大拓展了行草书的艺术表现力，在中国书法史上影响深远。

清代科举十分重视卷面的干净整洁，"馆阁体"在当时十分盛行，也是读书人必须学习和掌握的，但这种字体在各个时期又因帝王的好恶表现出不同的特征。其总体上工整规范，讲究"乌、方、光"，故清代书法教育不管是官办课程还是私塾传授，皆需要达到工整规范的书写效果。

民国时期，书法教育延续了"师徒授受"的传统，同时在"西学东渐"浪潮的影响下，出现了新式学堂。虽然教育体系并不完备，但学校式书法教育兴起，能清晰把握教学方向，明确学生发展规划，完成既定教学任务，为当代书法教育奠定了基础。

2013年，《中小学书法教育指导纲要》正式出台，义务教育阶段小学三至六年级正式开始普及书法，书法真正走入当代中小学课堂，这对提高中小学生汉字书写能力，传承中国优秀文化，都有着极其重要的作用。书法教育虽自古已有，但书法教育的理论尚不完善，许多教师也并非书法专业出身，故他们面对全新的书法课本和陌生的书法课堂常常手足无措，不知如何开展教学。

《中国书法教育》是湖南美术出版社针对中小学书法教师打造的书法教育类综合性读物，以展现当代书法教育的实践及理论研究成果为主，旨在推动当下中小学书法教学实践及相关教育理论研究的开展，为身处书法教育一线的教师、书法教育专家与书法教研工作者构建一个互动平台，以便更好地应用书法教材，促进学校式书法教育更好地开展，并为书法教育学科的建设、发展服务。

全书呈现给读者的内容大致由五部分构成。第一部分"专家话题"，是当代书法教育领域的知名专家对当代书法教育的所想所感。中央美术学院解小青教授《论汉字教育与书法文化》一文从汉字文化的角度，结合当前传统文化普及与书法基础教育现状提出了独到的见解；上海大学上海美术学院唐楷之教授以《高校书法专业创作课程建设与当代书法创作现象反思》一文针对当前高校书法专业创作课程建设做出了思考，并给出了建议。

第二部分"高校论坛"，主要是高校教师、书法专业研究生们针对书法专业领域的学术研究成果。本期分别收录了首都师范大学中国书法文化研究院陈乾坤的《〈元诲墓志〉中篆隶用笔用字现象考述》，中国美术学院鞠云停的《试论上海市中小学书法教育的现状与未来》，江西师范大学李小勇、张雪玉的《小学书法教材插图浅议》，湖北美术学院张曙光的《儒家"义利"观对当代青少年书法教育观的启示》。这些论文从不同层面反映了他们对书法学术、书法教育的研究成果。

第三部分"一线来风"，分别选录来自不同地区书法教育一线的中小学、教研机构、书法培训机构书法教师的文章，如：陈丫欢老师的《试论书法课堂中的"技、艺、道"》、陈亚昕老师的《以点带面，共建共享——谈电子书法室在教学中的运用》、李兆儒老师的《关于小学书法教育中教学评价标准的思考》、潘友红老师的《掌握字形用"直线"——浅谈少儿书法教育中有关结构的教学方法》、周靖滨老师的《因材施教，实现书法课堂分层教学》。他们结合教育教学实践做出了自己的思考，从中小学书法教育师资队伍建设、对教育现状的思考、课堂教学策略研究等方面为我们提供了第一手研究资料。

第四部分"砚边漫步",作为书法教育与书法理论的知识延伸,本期选录了兰亭书法艺术学院丁少帅的《再议国图版〈艺舟双楫〉始末》、首都师范大学中国书法文化研究院王慧的《"浑厚天成"与"忠义大节"——颜真卿书法艺术的历代审美评价》。

第五部分"课堂实录",主要收录来自基层书法教师的优秀教案,作为教学经验呈现。本期选录了颜宇露、林巧两位老师的书法课堂教案,供大家交流参考。当下的中国,正处于书法教育方兴未艾的时期。《中国书法教育》要背负起时代使命,发挥积极作用,为书法教育献言献策,为书法教育学科提供素材,方不辜负各界的期许。

本书编纂匆忙,难免有遗珠之憾,敬请相关学者、教育专家、一线教师指正。

湖南美术出版社现代美术教育研究所

目录 Contents

专家话题

论汉字教育与书法文化　　　　　　　　　　　　　解小青　　1

高校书法专业创作课程建设与当代书法创作现象反思　唐楷之　　4

高校论坛

《元海墓志》中篆隶用笔用字现象考述　　　　　　陈乾坤　　9

试论上海市中小学书法教育的现状与未来　　　　　鞠云停　　14

小学书法教材插图浅议　　　　　　　　　　　李小勇　张雪玉　21

儒家"义利"观对当代青少年书法教育观的启示　　　张曙光　　25

一线来风

试论书法课堂中的"技、艺、道"　　　　　　　　　陈丫欢　　32

以点带面，共建共享
　　——谈电子书法室在教学中的运用　　　　　　陈亚昕　　35

关于小学书法教育中教学评价标准的思考　　　　　　　　李兆儒　40

掌握字形用"直线"
——浅谈少儿书法教育中有关结构的教学方法　　　　潘友红　46

因材施教，实现书法课堂分层教学　　　　　　　　　　周靖滨　53

砚边漫步

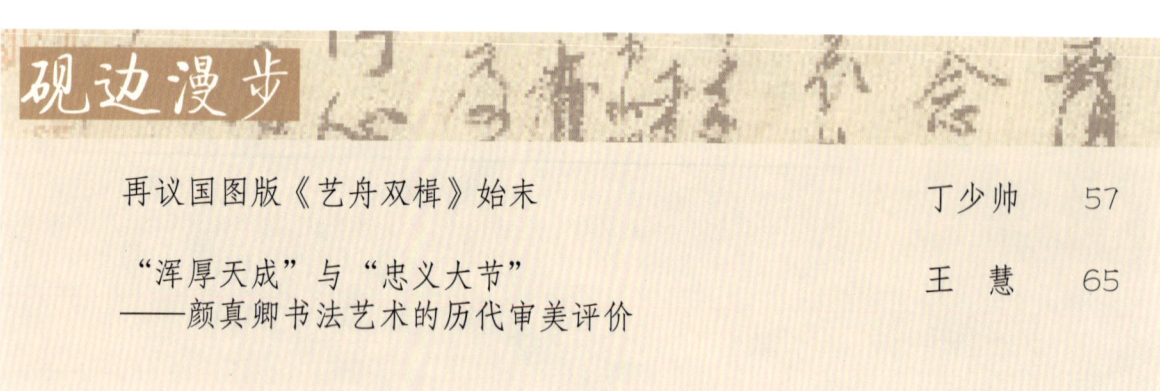

再议国图版《艺舟双楫》始末　　　　　　　　　　　　丁少帅　57

"浑厚天成"与"忠义大节"　　　　　　　　　　　　　王　慧　65
——颜真卿书法艺术的历代审美评价

课堂实录

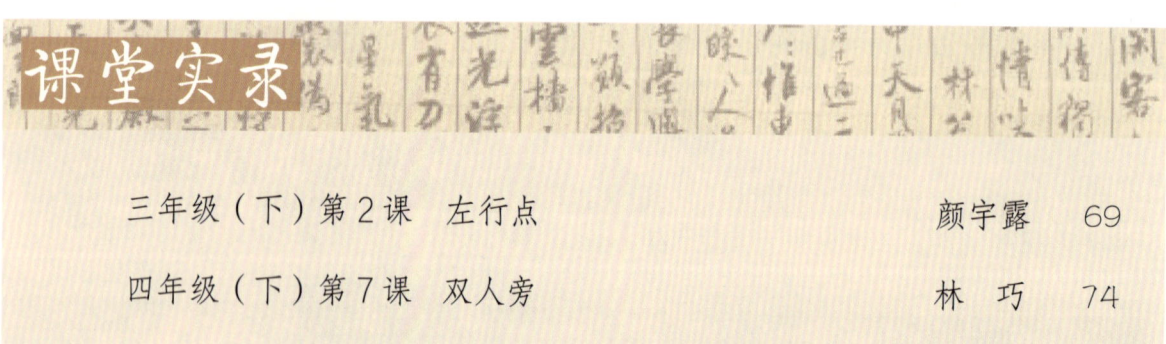

三年级（下）第2课　左行点　　　　　　　　　　　　颜宇露　69

四年级（下）第7课　双人旁　　　　　　　　　　　　林　巧　74

名帖赏析

米芾《蜀素帖》局部　　　　　　　　　　　　　　　　　　　　80

论汉字教育与书法文化

文/解小青　中央美术学院

在当前多种传播媒介交融作用的全媒体时代，随着书法生态环境的改变，其艺术观念、创作表现、传播方式、品鉴标准与发展趋势等也发生了改变。前卫的书法创新，一直在试图摆脱汉字乃至所有字形构成，"既想借重文字所由生发的审美价值，又要舍弃文字所由成立的形式构成"[1]。汉字结构与语义成为界定传统书法和现代派书法的一个重要因素。

事实上，中国书法、日本书道、韩国书艺，三者同根，但是衍生出的不同民族性，归根到底是对汉字的不同认知所致。日本、韩国由于摆脱了对汉字"形音义"三位一体的思维定式，所以比我国更早开始现代书法意识转换，促成当代国际书法多元发展。这种多元发展更突显出中国书法和日韩书法在历史渊源、师法宗尚、创作理念、审美取向、表现形式等方面的种种不同。归根结底，汉字承载并传播着中国书法艺术及其文化价值。

以书法艺术形式呈现汉字的表意性、抽象性和科学性，书法和汉字之间相互依存、相互表征的重要特征，涉及文化承传的这种价值意义远远超越了书法的艺术化功能。从汉字之"形"理清字体变化脉络和书体多样风格，从汉字之"意"溯源其以形状物、以物会意的特点，由"形"与"意"两者之关系，推导书法表现与汉字构象之间对应的变化规律，所谓来有所自，去有所由。若说汉字字象是"本"，则书法表现为"用"。作为科学和艺术的结晶，汉字是世界上最独特、最具生命力的表意文字，熔铸着中华文化的基础要素和鲜明特征，书法艺术承载的文化内涵及文化价值越来越受到重视。

中国是世界上唯一有文字创生神话的国家。"伏羲一画开天"、"仓颉造字"时"天雨粟，鬼夜哭"等神话传说，都是中华民族赋予汉字的一种神性，表达出先民对汉字的特有敬畏。在世界上最古老的四大文字系统中，楔形文字、圣书字和玛雅文字都已绝迹，唯有中国的汉字依然还"活着"，并且生机勃勃地传承发展，在全媒体时代甚至摆脱了其古老的矜持而变幻出时尚的高贵气质。每个汉字的最初缘起都蕴含着一个故事，溯源其形体演变，字之含义有迹可循。其中古代先贤展现出的科学思维、抽象能力、智慧巧思以及夸张手法，着实比今人更加浪漫大胆，更富有无穷的想象力和创造力。

随着汉字字体的演变，书写过程中又出现了许多不同书体，形成了不同的风格和流派。从历史上看，汉字经历篆、隶、草、行等形态，最终以楷书作为最完备的规范字体，沿用至今。就书迹而言，甲骨、青铜、缣帛、简牍、碑石、纸张等材质上都留下了丰富的"物质文化遗产"，其中每一次演进都对当时以及后世社会文化产生了重要影响。从甲

---

1. 卢辅圣：《"现代"之前的徘徊》，载《二十世纪书法研究丛书·当代对话篇》，上海书画出版社，2000年，第214页。

骨文到金文、小篆，从小篆到分隶，再到章草，以至于今草、行书、正楷；从魏晋翰札到北朝石刻，经隋过渡达到唐楷之鼎盛；从晋之遒美、唐之典则到宋之放意、元之复古，再到明代传统文化的修复再生、清代篆隶之兴盛……每一次演进都是历史发展的必然。从字体演进角度看，譬如一棵大树，秦篆汉隶是其根，通过后代开枝散叶，又从清之篆隶返回根部，既是发源又反哺于古，完成字体发展的大循环。在这个循环当中，从古到今、从质到文、从朴到妍，每一次超越缀连的历史轨迹中都蕴含着深刻的社会文化。

晋尚韵、唐尚法、宋尚意、元明尚态是书法史上比较通行和认可的论断。如果说"韵"是最初的原生内核，那么"法""意""态"则是"韵"在流变过程中的各种延展。书法发展由"雅"到"俗"的社会性、由"韵"到"法"的普及性、由"法"到"意"的自主性、由"意"到"态"的程式化、由不自觉到自觉的观念性的转变清晰可见。"韵""法""意""态"，书法艺术在每个历史阶段都呈现出相对清晰的趋向和相对稳定的风格，这种趋向也体现出书法艺术切时如需的时代特征。

书法在众多艺术门类中成为最集中、最精妙体现中国人精神境界的典范艺术之一，根植于汉字以"象形"显示"会意"的特殊属性。象形表意的汉字与西方符号文字具有本质不同。汉字是有故事、有思想、有意味的，传统文化价值观念正是通过汉字传播开来，从这个意义可以说，汉字也是中华文化基本精神与价值观的结晶。汉字教育，不是简单的一个识字写字问题，还包括对汉字反映出的中华优秀传统文化的思维方式、价值理念、世界观、人生观等各方面认知。

新加坡一位心理学家曾经做过研究：在新加坡比较喜欢用中文和英文的两类华裔学生，两者在价值观方面差别特别大。偏好英文的学生更容易接受西方的个人主义，而偏好中文的更倾向于接受中国的传统道德。对汉字的认知教育，也包括对汉字蕴含的思维方式、价值理念的引导。加强汉字教育，对于重塑和调整我们自己的价值观念、道德标准和行为规范具有重要意义。由此也可以理解，汉字书写之所以成为书法文化，与其表达的主旨也有着关联。字与字之间连属成文，文成字顺，笔随情驰，书写者的风神姿态从笔间流露出来，这样的书法作品才是"活"的、有生命力的感人作品，这样的书法艺术才是有学养支撑的文化结晶。在汉字自身艺术素质基础上更多琢磨，向更深的渊源探寻，可以帮助我们真正从根本上理解并展示，进而更好地传播书法文化。

中华传统文化在与外来文化的不断接触冲撞、相互吸收和融合中前进，汉语、汉字、汉文化的发展，作为世界多元文化的组成部分，也是实现文化多元化的前提。既然是"多元"，就说明不同的文化要保持自己的个性和特点，要把自己的民族文化之"根"扎得更深更牢。由此而论，汉字以"形"状物的突出特征，一方面能使中华文化和世界文化得到很好的交流，另一方面也面临着前所未有的新挑战，加强和推动汉字教育要与时俱进。

汉字热在国外不断产生，英国、韩国、日本等国家重视汉字、积极开展汉字教育的消息时时传来；

但是，国人电脑"敲字"在很大程度上代替了用手"写字"，致使汉字书写面临尴尬处境，而通过书写体味中国造字之初的文化意味也变得日渐淡薄。随着当代书写环境和审美意识的改变，书家的创作观念也在转变，焦点日渐集中在展览、装置、前卫艺术等方面，把汉字创作当作一种视觉图画来构形，因而也导致很多书法作品不能"读"，一读便会发现字法、写法、文法等错误百出。从当代艺术发展看，根植于汉字的书法艺术在繁荣的同时，其内核构成受到很大冲击。全媒体时代的艺术发展面临着诸多转型，也面临着价值重构，在多元艺术思潮中建构真正隶属于书法文化自身的生命力，既要挖掘、体现汉字最古老的义理，也要使其表现与最现代的手段相结合，适应新变，守住内核，书写出新时代的文化自信。

高校书法专业创作课程建设与当代书法创作现象反思

文 / 唐楷之　上海大学上海美术学院

纵观中国书法艺术波澜壮阔的发展历程，文字与书体交相辉映，书家品论与名作流派承传更迭，历经数千年的积淀、流变与升华，涵养成壮观卓然的审美情趣和丰富绝伦的艺术形态。今天，我们谈论书法创作，已经不是传统功用意义上的书写，而是在高校书法学科设立的基础上，特别是基于对高校书法专业创作课程建设与当代书法创作现象这两大层面的积极反思，更应当注重两者的目标、共性与互动，促进艺术创作的主体能动性，崇尚经典，倡导文化自信。在时代大发展、大繁荣的新格局下，要勇于担当、努力探索，激活传统、创新未来，彰显中国书法生生不息、鲜活灿烂的艺术魅力。

一、正视传统　崇尚经典

书法就其本质而言，不仅仅是一门简单的技术，更是深入文化、道德、学养诸多方面，被称为"中国文化核心的核心"。颠扑不破的古代经典，是一代又一代传承者历经万劫，为世人保存的丰富瑰宝和文化遗产，成为中华民族不朽的精神史诗和文化血脉。唯此，忠于经典、演绎创新是民族文化光大复兴的必由之路。

中国书法源远流长，泽被寰宇，汉字产生和书体完备为书法走向独立自觉、以书焕采提供了无穷的可能性。从文字学发展的视角看，东汉末期"五体"书已趋完善，书法开始进入自觉时期。士大夫和文人阶层专注其中，强化并提升了书法艺术地位，出现了以书名世的书家和批评品鉴的理论家，使书法从文化知识传习的谱系中逐渐"异化"出来，痴迷研习尚好的书写风格成为一种独特群体的追求。这反映在赵壹《非草书》的批评中。这可能是中国书法史上第一次有记载的古代高等教育中的特殊现象，这种书学的风气如今依然值得我们深思。

传统书学并不是简单地以创作论创作，这在古代书论记载中还是相当丰富的。也有理论家指出古代书法是没有创作的，这一问题所涉颇广，争鸣不断。就书法发展本体而言，经典名作产生，或许不能以今天的"创作"来观照，但在研习古典中，经典名作还是可以"创作论"来看待和解析的。我们沿用传统书学研究的一般观点，也是高等书法教学中普遍接受和应用的"临习与创作"的观点与方法。崇尚经典，将具体的楷书、行书、草书、隶书、篆书依据碑帖范本讲授示范技法和相关史论要点，针对古典书法的创作幅式如对联、条幅、手卷、扇面、尺牍、斗方、中堂等的不同，以名作解析的方式，从章法布白、行气字距、穿插疏密、轻重体势、节奏快慢诸多形式要素特征来比对列举，力图将同类型的创作通过对经典名作的借鉴效仿来实现。然而，批评家以为这不是真正的创作，应算仿作。在高等书法教学中，仿作是创作学习的一种有效方式，也是向传统、向经典取法，从而获得"有师承、有风格"的一种创作能力的手段。这就提出了一个关于创作的根本问题：什么是当代真正的书法创作呢？

当下也有一种观点认为"临是临，创是创"，将临摹学习与创作截然分开，认为创作与临摹没什么必然关系，创作是个性风格的体现，不应受临习束缚。持这种观点的亦不在少数。我们主张创作首先要崇尚古典，在不断的临习中贴近经典，力求"逼肖传神"，在技法锤炼中还原经典名作的创作（书写）过程，跨时空亲历再现的情景通感，即古人讲"入帖"至深，有不可言传之妙用。这样，使"临创"在古典中融洽相生，形成身心享受的一种"肌肉记忆"和古典美感，使创作自由升华，仿佛"下笔便到乌丝阑"。

书法创作不同于其他艺术创作，自有其艺术规律性和特殊性。其规律性即在于分析领悟，把握经典名作范式之美，其特殊性便在于没有可资借鉴的现成的艺术创作模式。须向内求，由内而外、内外兼得，滋养性灵文心以脱胎换骨，形成自家面目，表情达意，从而达到创作诉求。所以，要回答什么是当代真正的书法创作并不是简单套用几句行话，挪用其他门类创作的概念便可以敷衍了事。真正的创作要抗志希古，与时空交流，需要回应时代文化大命题。所有的创作努力都指向一个目标：以技进道，天人合一。

二、解读当代 弘扬品格

继承与创新是关乎艺术本体的发展命题，二者缺一不可。从秦汉、魏晋、隋唐、宋元、明清直至现当代，中国书法始终处于不断演变、持续生发的历史进程当中。在这个既漫长又相对稳定而风格更迭变幻的艺术推演中，书法的文学内容、书体面貌、书家个性与作品形式类型，包括创作方式、书写技法以及审美心理等都随之变化，而最终产生的作品成为传统文化的重要组成部分。中国书法的传承与创新始终围绕着上文所讲的临摹经典与创新风格样式有机展开。临摹既是基础，又是寻绎古法与契合心境的经验通途，还是体认"书法观"和实践创作意义的仪轨证道。优秀书手从不片面地将临摹视为基本功，而是将临摹与创作同等视作方向和目的，出入自在，与古为徒、以古化新。

当代高等书法教育重视借临摹溯源经典、师古创变的教学理念，加强日常书写的技法修为，注重提高课堂教学质量，坚守学院型、实验型书法创作的学术高度，丰富当代书法创作的维度，提升文化品格，自我构建，以满足学界和社会的殷殷期望。

（一）强化日常书写的技法意识

近年来，对于日常书写的探讨日益加强，关于什么是日常书写、什么是有目的性的创作风格都有了进一步的认识。传统日常书写中很大一部分即是尺牍往来，另一重要部分即是被称为"日课"的书写积学，还有就是具有文思贮存功能的诗文典籍传抄。这三个部分所承载的日常书写在传统文人社会层面都反映了传承、传播与性灵、情怀的表现作用，虽然与创作正式作品的目的有所不同，但二者在样式上依然没有明显界定。诸如"天下三大行书"所呈现的手稿、诗稿"勾、圈、涂、点"等修改方式的保留，能够尽情还原其时的书写状态，并成为一种古典书法的特殊形式感。传统文人的日常书写同样要求具有临摹所能够达到的熟练书写技巧，需要持之以恒的"常态"训练方能运用自如。由于信息化传媒的发展，书法的誊抄功能渐渐被数字化软件所取代，原属于日常书写的很多内容也会被有目的地纳入书法创作的范畴。正式的书法创作作品，首先映入眼帘的即整体，包括形制与幅式、装裱以及展示的空间环境等因素。幅式所呈现的两大部分——题材内容与章法形式——相得益彰。在古典型作品中，书体、内容、章法三者具有代表性的，或者说是最佳表现类型的幅式，这些都有具体对应的研究与分析。而日常书写中，对于幅式的选择并不囿于此，首重便利、自适。于是，不可能专注于笔法、字势、结构的精微，以及他者鉴评的要求。然而从书法作品的意义与价值来看，同样可能被视为日常书写的"天下三大行书"与上面提到的日常书写却存在"杰作"与"习作"之别，究其原因，可归纳为以下三点：其一，书者的历史影响力；其二，文本价值的文学性、社会性与代表性；其三，书法的艺术感染力、技法风格的纯粹性与审美意识的高度。这三点即是超凡入圣、不可复制的杰作标准。

（二）追求艺术创作的风格转化

如果把日常书写归于功能应用类型，那么专门刻意追求艺术创作的风格转化、异化的特殊作用，这可能就是今天所谈论的创作类型。书法创作风格往往与书家的个性趣味、书法品评、艺术鉴赏相关联。我们今天很难以古典美学或以"神、妙、能、逸"品评当代书法。今天的书法表现样式纷呈，依据不同的创作方式，可简分为三大类型，即学院型、国展型、雅集型。这三种类型并不是独立存在的，在共同发展中也具有各自的特点和作用。

（1）坚守学院型书法创作的高度

当前我国近300所高校开设有书法专业或书法方向的课程，这股蓬勃发展的新生力量在半个多世纪的艰难历程中不断崛起壮大，业已成为当代书法理论与实践相结合的重要部分。学院型书法创作崇尚经典，注重师承，讲究系统和学理研究，亦勇于开拓创新、探索未来。以"浙美（国美）"模式为其代表性教学模式，在创作上追求清晰的古典路径和精练的技法语言，注重培养"五体"创作的全面能力，在风格上塑造专业化学术品位的书卷气、金石气，迥别于社会上的草气俗气。学院型书法创作存在的棘手的问题是持续深化与提高创新。

（2）拓展国展更新演绎的风格

受三十多年国展书法，尤其是"中青展"所带来的流行书风的影响，社会上乃至院校中许多爱好者在学习书法的过程中急功近利，往往以具体的入展入会、出名获利为目的进行书法创作，故而无法沉淀深入经典，更有甚者以抄袭、代笔等方式妄想走捷径获取功名。无论如何，非经"十年冷板凳"，徒劳"眼熟"的名家样终究是一时的，道德、学问、功底上都令人担忧。我们并不否定因展览所需应运而生的各种书体或各层级类型化的培训教学方式，国展型书法创作无论是直袭名家风格还是深研古典，都不失为当代书法普及与提高、兴趣与专业学习的一种客观需求和解决办法。当前"国展体"存在的问题是创作格式化、单一化、套路化、工艺化，也存在一定的粗俗化，由此表现为"炫技""拼凑"，以及工艺美术形式过度泛滥等弊端。具体表现为四个方面：一、美感缺失，单薄炫技，作品存在格调不高的问题；二、文字学基础薄弱，反复出现错、漏字和用字问题；三、近亲繁殖，同一书体、风格及作品形式制作套路化，缺乏创新技能和观念；四、评审机制急需改革完善，从严处理代笔、抄袭等问题。在"国展体"风潮不断演绎的同时，亟须加强文化修养和艺术品格，在创作内涵上保证国展对书坛应有的引领作用。

（3）发扬当代书法雅集的品位

雅集，或饮酒赋诗，或作书绘画，或品茗抚琴，交流思想，切磋技艺，是增进技艺和情谊的高雅乐事。自古以来，雅集留下许多佳话和名作，成为中国文化史上的重要资料。随着社会经济文化的繁荣发展，文人之间雅集更加频繁，文人、书画家之间诗词唱和、书画合作，佳作频生，成为当代文化交流传播的一种重要而有效的方式。书法创作，除了对古代经典法帖的追摹和师徒之间授受承传之外，在雅集中与同道中人和社会贤达的跨界交流与研讨，不仅能提高技艺和扩大影响，更能在高端广阔的平台上展现艺术气象，形成弘扬优秀传统文化、展现和检验创作水平的一种风尚。雅集的问题常常反映在常态化运行的困难，其作品也受时代、环境、圈子等因素的局限，往往难登大雅之堂。

三、课程建设，切实所需

当前高校书法教学课程建设已经取得了长足的进展，但满足时代的要求和自我完善任重道远，尚有许多工作要做。无论是从创作维度的提升还是从人才培养目标的确定，课程建设都应该以突出创作内涵品质为重点。高校书法创作课程长期以来以"五体"书临摹学习为主要内容，虽然设置有毕业创作的专门环节，但很难在课堂实践中赋予创作课以真正的教学内容和目标要求。通过一线调研分析，我们应思考如何解决好在"五体"书教学的同时，设置"临创转化"课程并分配课时，安排相应的教学内容，对于每一书体的技法教学课程，力图在教学任务和作业中增加相应的临摹作业和创作作业的具体要求，以此及时有效地检验阶段临习的进度和技法掌握程度，并将其反映在本阶段学习的创作上。将创作能力的培养合理地有步骤、分阶段展开，而不是概念化地进行。当然，这只是一部分措施，更重要的是高校书法创作能够提供什么样的创作课程内容，以呈现应有的高水平的创作样式。

（一）主题性创作

主题性创作，顾名思义，在于创作观念的更新，关键在"主题性"的确立。古典型、传统意义上的创作很大程度上存在机械性、重复性，缺乏创新诉求的问题，无疑潜藏着创作者的懒惰与懈怠。主题性创作需要有观念和思想的支撑，落实到创作立意构思的艺术性、创新性上，应从"主题"的核心艺术理念和文本思想出发，重新组织创作材料以及笔法、章法、风格等创作要素。传统意义上的古典型书法创作没有严格的艺术创作概念。当代高等艺术教学模式中的学院型"主题性"创作则具有表现重大题材、文化命题，使项目规模化，突出学术性、历史性与艺术性的效力和优势。"主题性创作"的课程需要利用好高校学术平台和特色资源，充实创作课程内容，形成丰硕的教学成果。

（二）现代书法实验

中国现代书法从 1985 年在北京中国美术馆首展开始，艰辛曲折地发展了近四十个春秋。从社会到高校，出出入入，分别采用了"探索""现代""新书法""书法主义""书象"等名称，实际上都标志着中国书法走进当代、走向国际、走上当代艺术风格化的历史延伸和维新变革的历程。在高校书法创作课程中，以艺术观念、技法研习或实验探索的方式进入专业教学，有利于培养独特的艺术视角，树立学术意识，批判盲目崇拜西方现代主义的伪现代观。在比较、研究中，我们应建构中国书法现代化的自信心，涵养中国气派的人文情怀，磨炼具有中国笔墨精神的现代书法创作技能，大胆实践中国书法当代创作。

"笔墨当随时代"，半个多世纪中国高等书法教育和近四十年全国书展所形成的当代书法创作现状，丰富繁荣的同时也困境重重。"现代蜕变"与"古典复兴"在矛盾中举步维艰。康有为《广艺舟双楫》云："天地江河，无日不变，书其至小者。"将书艺置于浩瀚宇宙、亘古历史之中，变易乃其规律使然，当然，对书法创作的诸多反思也有益于自觉文化意识的塑造，进而在新时代格局下努力实现中国书法创作的一种新形态。

《元诲墓志》中篆隶用笔用字现象考述

文/陈乾坤　首都师范大学中国书法文化研究院

《元诲墓志》刊刻于北魏普泰元年（531年），距孝文帝迁都洛阳（太和十八年，494年）实行汉化政策已过三十余年，距北魏灭亡（534年）仅三年。作为皇室子弟，元诲在王朝崩溃前夕去世，其墓志尚能延续"元氏墓志"的一贯风貌，秀美精致。然而，与普遍楷法纯粹的元氏墓志相比，《元诲墓志》中加入了较多隶书的用笔以及夹杂了部分篆书字形。笔者就2018年在辽宁省博物馆所见，按入窆时间顺序所展出的北朝墓志来看，这种情况在北魏后期至东魏西魏时期已经较为常见。这与人们习知的北齐、北周时期官方的文化复古政策导致石刻楷书夹杂篆、隶用笔用字的情况有所不同，因为此时的魏碑楷体既经历了北魏迁都洛阳以来汉化过程中楷体纯粹的阶段，又尚未经历北朝后期的文化复古政策，可见当时碑志书写融入篆隶因素有其独特的原因。本文拟结合当时的政治和文化背景，以《元诲墓志》为例，分析其时墓志中篆、隶因素的常见形态，并探究其产生的原因。

一、《元诲墓志》及元诲其人

《元诲墓志》1920年出土于河南洛阳，可能是出土较晚且元氏墓志数量较大，学界较少注意到此志，因此罕见著录、出版，更缺乏专门的研究。

《元诲墓志》志盖完整，铭文为"魏故司徒范阳王墓铭"。志身一处由上至下断裂，致使少数几个字漫漶不清，左上角破损致使缺一字，但整体仍然较为完整，铭文也比较清晰。铭文对元诲的生平有粗略的叙述："王讳诲，字孝规，河南洛阳人也。高祖孝文皇帝之孙，广平武穆王之子。"广平武穆王即元怀，为孝文帝第四子，十一岁时便被封为广平王，其子元修，也就是元诲的弟弟，后来成为北魏的皇帝，由此可知元诲显赫的政治身份。元诲本人亦具备相当卓越的政治才能，并受到朝廷重用，"九曜任隆，三礼务重，官方所授，罕属其人"，铭文中还特别提及皇帝对元诲的倚重，"纶綍望隆，唯才是与，虽曰多士，特寮其选"。铭文更多的则是描述元诲杰出的军事才能，并因军功而获封王，"军谋无遗，竿有功而反，迁散骑常侍，河南中正，封范阳王"，又"以王兵权帷略，动出人右，遂敕令赴军，豫谋戎政。拾遗摧朽，皆指麾之力"。可惜元诲英年早逝，据墓志载，其"春秋廿六，永安三年十二月三日薨"。在元诲死后一年（532年），其弟元修被高欢拥立为帝，是为孝武帝，也是北魏最后一位皇帝。元诲死后三年（534年），北魏灭亡。

也许正是因为元诲在国势相对平稳的时期便去世了，没有经历王朝崩溃的巨大动乱，所以他能够在孝文帝打造的汉化文化环境中从容度日，如墓志的描述，元诲"含咏雕篆，涉猎油素，同北宫之爱士，齐东莞（苑）之好贤"。可见其日常与诗文书画为伴，生活方式和传统的文人士大夫已别无二致。《元诲墓志》刊刻得一丝不苟，单字基本不逾细线界格，字形结体端庄且点画灵动，而稍后的东魏、西魏墓志，在动乱的政治环境中，大多数刊刻水平已远逊于《元海墓志》及之前的其他元氏墓志。

笔者于辽宁省博物馆所摄《元海墓志》，为覆有拓片的原石。

二、《元海墓志》中的篆隶用笔现象分析

魏晋南北朝时期，铭石书逐渐脱离隶书的影响，并在北魏形成"魏碑"楷体，尤其是在孝文帝汉化改革的推动下，楷书成为北魏铭石书的主要书体，而且大都刊刻精良，笔意犹存，从现存大量的元氏墓志中可以窥见当时楷法的高度成熟。然而，与较为纯粹的主流魏碑楷书不同的是，一部分带有明显篆隶用笔、用字的碑刻，也贯穿于魏晋南北朝铭石书的发展过程中。《元海墓志》便属于这一类型，其中，一部分字采用隶书的笔画和部首，还有一部分字则使用篆书的字形。

在对北魏时期铭石楷书的风格描述中，学界采用最多的是按照结体方式分为"平划宽结"和"斜划紧结"两种，[1] 而对北朝碑志中篆隶因素的讨论则多集中在北朝初期隶、楷过渡的环节和北朝后期，也就是北齐、北周时期的文化复古政策。前者可以认为是文字演进中古体因素的自然遗存，后者则可以解释为当时政府有明确的文化复古、刊定文字的政策，致使碑志楷书中夹杂篆隶因素。而对北朝中期典型的魏碑体楷书已经成熟之后，一些碑志仍然出现篆隶用笔、用字的现象则缺乏针对性的分析，且此时尚未经历北齐、北周的文化复古政策。因此，整个北朝时期篆隶因素出现在楷书碑志中的现象虽然相似，但产生的原因并不相同，如果简单地将北魏中期碑志中的篆隶因素等同于初期或后期，都会产生以偏概全之弊。以中期的《元海墓志》为例，首先，其结体很难具体归入"平划宽结"和"斜划紧结"中的哪一类，因为其结体并不像稍后一年刊刻的《元徽墓志》（532 年）那样宽厚平正，也不似前期《元桢墓志》（496 年）那样明显紧收中宫，向右上倾斜，而更接近于两者的中间状态，即结体虽紧收中宫，但撇捺伸展，体势较为平正，造成"宽结"与"紧结"的结合。其次，《元海墓志》中使用隶书笔法、夹杂篆书字形的做法在北朝碑刻中并不罕见，北魏后期尤为常见，因此应当针对这类碑

---

1. 以"斜划紧结"和"平划宽结"对北朝碑志进行分类的方法出现较早且影响广泛，参见刘涛《中国书法史·魏晋南北朝卷》，江苏教育出版社，2009 年。

刻的这一显著特点具体分析。从《元诲墓志》的用字来看，可以将这些特点归为三类：

其一，这类碑刻常采用隶书最典型的"蚕头雁尾"的装饰笔法，多用于某字最后的横向笔画上，如《元诲墓志》中第3列第5字"雕"及最后一字"雅"、第5列最后一字"曜"、第12列第9字"上"及第20字"權（权）"和第21字"帷"、第13列第22字"唯"、第16列第24字"唯"、第17列第14字"一"及第26字"三"、第19列第19字"雅"、第20列第9字"三"及第20字"懼（惧）"、第22列第21字"维"、第23列第9字"世"、第24列第1字"惟"、第25列第17字"淫"等字的最后一笔。这些笔画起止分明，线条遒劲，波挑之势颇类《曹全碑》，用笔流畅，神采飞扬。

表1：《元诲墓志》中隶书用笔现象示例

位置	12列9字	12列21字	13列22字	17列26字	23列9字
隶书笔画	上	帷	唯	三	世

其二，这类碑刻常采用隶书偏旁与楷书部件相组合。《元诲墓志》中，隶书的一些偏旁完整地保留在部分字中，最明显的就是"糹（纟）"，如第13列第18字"綸（纶）"及第19字"綽"、第22列第21字"維（维）"、第24列最后一字"絹"等，与魏碑中常见的"糹"保存隶书的体式而采用楷书用笔的方式不同，《元诲墓志》中"糹"用笔圆润，不露笔锋，隶笔纯粹，完整地保留了隶书中"糹"的写法，而在另一些有"糹"的字中，如第2列第10字和第11字"紈（纨）""綺（绮）"，则采用了楷书的写法，与前文所举恰成对照。同一篇墓志，对相同部件做了两种不同的处理方式，可见隶书的"糹"并不是习惯写法，而是刻意为之。

表2：《元诲墓志》中隶书偏旁现象示例

位置	13列18字	13列19字	22列21字	24列27字
隶书偏旁	綸	綽	維	絹

其三，这类碑刻还有一部分字则完全采用篆书的字形，如第12列第17字"以"、第18列第26字"王"[2]及第27字"如"、第19列第25字"年"、第20列第18字"之"等字，字形完全是篆体，但起笔往往并不藏锋，带有魏碑的笔法。与这些篆体字相同的字，如第2列倒数第3字"以"、第12列第18字"王"等字，则使用了楷书的写法，可见这些篆体字也是书碑者刻意为之。

表3：《元诲墓志》中篆书用字现象示例

位置	12列17字	18列26字	18列27字	19列25字	20列18字
篆书字形	以	王	如	年	之

三、元氏墓志中的篆隶用笔、用字评述

出现类似上述篆隶用笔、用字现象的北朝墓志还有很多，既不局限于元氏墓志，也不局限于北魏，如东魏时期的《侯海墓志》《华山王妃公孙氏墓志》

---

2. 此处字形为"玉"，但按文义当释为"王"，"追赠使持节、骠骑大将军、司徒公、冀州刺史、侍中，王如故"，即在追赠的官爵之外，元诲生前就已经获得的"范阳王"的爵位不变。

等，虽严整精美不如《元海墓志》，但篆隶用笔的情况极为相似。为何在北魏迁都洛阳的前期，墓志反而能摆脱篆隶古体的影响，而随着楷体的进一步成熟，墓志又开始趋于古体呢？这种杂糅极为刻板，楷书中突然夹杂篆书，或单字中夹杂隶书部件和用笔也并不协调，根据上文的分析，这是书碑者刻意为之，而非书体的自然演进。因此，需要对书碑者的观念进行适当的推理，才能完整解释这一现象。当代学者对六朝碑志的研究成果颇多，概括而言，对碑志的篆隶因素的分析多倾向于两种观点。其一是道教在当时的流行致使碑志书写渗入道教寇谦之制造的古文鸟迹篆隶杂糅体以及道教符箓等。[3] 其二是北朝后期即北齐、北周的文化复古政策不仅导致北朝后期碑志中的书体杂糅现象，而且直接影响了隋朝乃至初唐的书碑风气。[4]

关于受道教影响的观点，支持者较少，原因是北朝石刻书迹中，即使是非道教影响下的儒家、佛教的石刻书迹中也存在篆隶杂糅的现象，可见这是社会文化的普遍现象，而非道教的内部文化特征；关于北齐、北周时期文化复古政策影响的观点在当下的学术写作中被广泛采用，但这一观点无法解释北魏时期就已经出现的碑志楷书中夹杂篆隶用笔、用字的情况。因此，笔者将视角扩展到北魏迁都洛阳以后至北朝末期的北齐、北周时期，将整个北朝分为北魏前期、北魏后期至东魏西魏、北朝后期即北齐北周三个阶段，具体分析，以期对这一现象的成因提供新的观察视角。

北魏迁都洛阳（494年）以后的政权约持续了40年，以514年为界，可以分为前后两个时期。这40年间，楷法纯粹的元氏墓志是主流，比如前期以元氏墓志中的《元桢墓志》（496年）、《元羽墓志》（501年）、《元思墓志》（507年）、《元显儁墓志》（513年），后期以《元倪墓志》（523年）、《元宥墓志》（528年）等为代表。这些墓志虽风格不一，但楷法纯粹，几乎不与篆隶书相混杂，堪称北魏碑志楷体高度成熟的代表。后期除了上述笔法纯粹的楷书墓志外，还出现了杂糅篆隶用笔、用字的墓志，这种情况在北魏前期十分罕见，典型作品也都集中在北魏后期至东魏西魏时期，如《元略墓志》（528年）、《元文墓志》（532年）以及本文所述《元海墓志》（531年）等。北魏后期至东魏西魏的墓志书丹者为何要在楷书碑志中刻意加入篆隶书的因素呢？

笔者认为，北魏后期至东魏西魏时期，篆隶因素的加入并不只是简单的装饰，而是观念上的主动崇古，更是北魏的政治观念在文化中的投射。北魏迁都洛阳伊始，汉化尚未深入，北朝文人以模仿东晋士大夫的新体楷书、行书、草书为风尚，尚未认识到汉字的本源。经过孝文帝汉化改革的有力推进，以及宣武帝元恪对汉化的加强巩固，[5] 北朝文人对汉字的认识逐渐超越新体的字形而追溯到汉字的古体（相对楷书而言更古的书体）所包含的造字本意

---

3. 华人德：《论北朝碑刻中的篆隶真书杂糅现象》，《中国书法》1997年第1期。
4. 持北朝后期文化复古政策导致北朝碑志杂糅篆隶因素观点的学者较多，较早且著名者如王元军《与华人德先生商榷——北朝碑刻中的篆隶真书杂糅现象与道教有关吗？》，《中国书法》2000年第1期。再如张同印《隋唐墓志书迹研究》，文物出版社，2003年。
5. 宣武帝元恪是北魏迁都洛阳后的第二任皇帝，其对汉化的巩固和对正朔的塑造，参看高鑫《惟新魏历——北魏后期的历与正统塑造》，《许昌学院学报》2021年第1期。

和被汉文化所赋予的政治隐喻，采用篆隶的用笔和字形融入铭石书，显然也是在文化统序上与东晋及南朝接轨，这是取得政治上的"正朔"的必备条件，也展示了北魏汉化的继续深入。书丹者既能书写典型的墓志楷书，又能书写较为纯正的隶书，还具备一定的古文字知识和篆书书写能力，可见其较高的汉文化水准。因此，墓志书写的情况，清晰展示了北朝从崇尚东晋南朝的文艺风气到主动追求汉文化"正朔"地位的观念的变化。

至于北齐、北周时期的文化复古与北魏后期至东魏西魏时期崇尚古体文字的风气虽然相似，但驱动这一行为的观念则有着本质的区别。北齐、北周主要是为了整顿长期战乱中文字错讹的文化弊端，最终目的是统治者欲通过文化复古来稳定当时的政治，类似王莽篡汉后的复古意图，因此以朝廷政策的形式颁布施行，是以政治力量来改变文化的发展，而北魏后期则显然相反，是对自身作为北方领主地位意识的主动加强，且以文化力量来推行政治理想，而古体文字的使用正是其表征之一。

试论上海市中小学书法教育的现状与未来

文 / 鞠云停　中国美术学院

摘要： 书法是中华传统文化中重要的组成部分，书法教育的发展在弘扬传统文化的今天是需要我们重点关注的。然而目前中学阶段的书法教育多有不足，甚至可以说是有所缺失。文章首先从师资情况、课程设置、教材编辑、学生参与程度等方面对目前上海市中小学书法教育现状进行了分析，其次对上海市丰富的社会资源与相对应的书法活动进行了探讨，最后提出了一些解决问题的方法与对未来上海市书法发展的设想，希望能对目前上海书法教育的发展提供一些有价值的思考。

关键词： 上海；书法教育；书法教师；高等书法教育

一、上海市中小学阶段书法教育的现状

评判一个地区中小学阶段的书法教育发展状况的维度是多方面的，笔者对上海市中小学书法教育现状的调查主要从师资力量、课程设置、课程教材、书法专业高考四个方面展开。

1. 师资力量紧缺，教师水平参差不齐

即使是中国发展水平较高的城市之一，上海市的中小学阶段书法教育水平仍然不容乐观，在绝大多数的中小学中都没有书法专业科班出身的专职书法教师。教师不足的情况下更遑论探讨课程设置、课程教材与学生参与程度等问题。有数据显示，上海市中小学配备的书法专业毕业的专职书法教师数量还不及社会上个别校外书法培训班。教育部2021年工作要点决定探索将学校艺术课程内容纳入美育中考改革试点，2022年力争全面覆盖美育中考，探索将艺术类科目纳入中考改革试点。如果不解决师资力量紧缺的问题，这一目标的实现必定困难重重。

即使是有教授书法及相关课程教师的中小学也面临着教师教学水平参差不齐的问题。目前上海市中小学承担书法课程教学的教师可大致分为三类。第一类为美术教师。其在专业之外对书法有兴趣，通过各种方式对书法进行了学习。这一类教师普遍掌握了一定的书法技巧，但因未接受过成体系的书法教育，所以在专业教学上难免有所欠缺。第二类为各级书法家协会会员。部分中小学与所在区书法家协会或上海市书法家协会有合作，聘请了一部分书法家协会会员作为书法课程的教师。虽然上海市书法家协会在中国书坛具有重要的专业影响力，但是书法家协会中的书法家往往偏向于创作，而且大多有着较为明显的个人风格，这与中小学阶段注重书法基础与书法经典的教学要求往往不相适应。第三类则是具有高校书法专业学习背景的书法教师。这一类教师普遍接受过较为完备的书法体系教育，能够较好地承担中小学阶段书法教学课程的教学要求，但是这一类教师数量最少。从中小学阶段书法教学课程的教学要求与这一类教师的增长情况来看，这一类教师将是未来中小学中书法

教师的主力军。

2. 课程设置较少，学习效果不尽如人意

把美育纳入中考的定位是：探索将艺术类科目纳入中考改革试点，依据课程标准确定考试内容。也就是可能考评上述义务教育阶段的"3+3"艺术课程：音乐、美术、书法＋舞蹈、戏剧、影视。结合课程目标定位，学生主要掌握适合自己的1—2项就可以了。学习和考试应该都是采取自选方式，并非全部学习。据笔者了解，小学中的艺术课时普遍能够保证，而中学的艺术课时被纳入中、高考的教学科目占用的现象则较为常见。目前相当一部分中小学都将美术与书法合并为一个课程，在本就稀少的艺术课时中，只有更少的一部分课时是完全属于书法课的。相信随着美育中考的逐步落实，这种现象会逐渐有所好转。

任何一种艺术课程都需要一定的时间来学习，如果学习时长得不到保障，必然会导致学习效果下降，而学习效果下降则往往会导致校方与学生对该课程产生抵触情绪，由此会形成一个恶性循环。

3. 缺乏统一、合理的教材

近年来，随着对美育的重视，关于中小学书法课程的教材数量有了快速的增长，然而这些新增的教材存在着水平良莠不齐的现象，且部分教材的编纂者并不能考量目前中小学中书法课程的占比情况，脱离了实际，使得教材与中小学中的书法课程并不匹配，在这种情况下，很多教材根本难以运用到实际教学当中去。目前开设书法课程的中小学使用教材的情况是复杂的，既有指派教材的，也有一部分任课教师自由选定的或根据自己的经验进行教学而不使用教材的，这导致目前中小学书法课程教学情况良莠不齐，也影响了"美育中考"的施行。

笔者认为，首先需要对目前的中小学书法课程课时进行评估，在此基础上聘请相关专业的专家与一线教师共同选定高水平的、适宜中小学书法课程教学时长的教材。

4. 高中阶段报考书法学专业本科的学生凤毛麟角

上海市是中国发展水平较高的城市之一，但学生参与书法相关活动的比例仍然较低，从近年来参与书法艺考的比例来看，有意将书法作为专业的学生极少。上海市第七次人口普查显示，常住人口为2487.0895万人，每年参与书法艺考的考生约为30人[1]；山东省第七次人口普查为10152.7453万人，2022年参加书法艺考的考生为6295人[2]。上海市共有高中257所，而参加书法高考的人数却未达到30人，相当于平均每10所高中才有1人报考书法专业。

表1：上海市2022年高中阶段艺术骨干学生招生计划汇总（书法篆刻方向）

序号	属地	学校名称	专业方向	招生名额
1	市重点	南汇中学	书法与篆刻	3人
2	青浦区	青浦二中	篆刻	2人
3	静安区	彭浦中学	书法篆刻	2人
4	浦东新区	华东师大附属周浦中学	篆刻	3人
5	徐汇区	紫竹园中学	书画	3人

据上海市教育考试院官网2022年6月29日

---

1. 据调查，上海师范大学书法专业2015年、2017年校考，上海籍考生报考数量均未超过30人。
2. 数据来源于山东省教育招生考试院微信公众号。

公布的《2022年上海市高中学校自主招生录取方案》显示，2022年上海共有85所高中进行自主招生，其中63所高中招收艺术特长生，而笔者检索发现，里面仅有5所高中招收书法、篆刻或书画方向的艺术特长生，总名额为13人。

2022年全国书法艺考考生人数接近30000人[3]，未来，书法专业毕业的学生必将成为书坛的主力军，上海市学生对于书法高考的热情不足，将会影响上海市青年书法人才的储备。

二、上海市高等书法教育的滞后

由上文所提到的上海市中小学阶段书法课程教学中出现的问题，可以看出书法专业毕业生所组成的教师团体的稀缺性与重要性，然而上海市考取书法专业的学生极少，这使得上海市目前中小学尤其是高中阶段的书法课程教学情况面临着瓶颈。上海市目前中小学书法教育的不足，也反映出上海市高等教育、研究机构在书法学科构建上的一些问题。

1. 招收书法专业的院校较少

如表2[4]所示，2022年，全国145所开设有书法学本科专业的高校，仅有16所面向上海招生，且大多没有具体的面向上海考生的名额，需与全国各地考生竞争；其中上海师范大学书法学本科专业属于停招数年后首次恢复校考招生，专门给了上海考生6个名额；北海艺术设计学院为首届招生，未组织校考，使用上海市美术统考成绩进行录取。

表2：2022年全国本科院校书法学专业面向上海市招生计划汇总

序号	院校名称	招生计划	报考类型	性质
1	中国美术学院	全国17人	校考	公办本科
2	中央美术学院	全国15人	校考	公办本科
3	广州美术学院	省外7人	校考	公办本科
4	四川美术学院	全国50人	校考	公办本科
5	天津美术学院	全国22人	校考	公办本科
6	鲁迅美术学院	省外10人	校考	公办本科
7	湖北美术学院	全国24人	校考	公办本科
8	南京艺术学院	省外10人	校考	公办本科
9	山东艺术学院	省外10人	校考	公办本科
10	吉林艺术学院	省外18人	校考	公办本科
11	上海师范大学	上海6人	校考	公办本科
12	四川文化艺术学院	上海1人	校考	民办本科
13	北京城市学院	上海1人	校考	民办本科
14	成都文理学院	上海1人	校考	民办本科
15	重庆城市科技学院	上海1人	校考	民办本科
16	北海艺术设计学院	上海10人	美术统考	民办本科

上海市有普通高等学校64所，高等教育资源雄厚，但招收书法专业本科生的高校仅有一所：上海师范大学。这个比例相较于其他省市明显偏低，如：山东省有153所高校，招收书法专业本科生的有13所；陕西省有97所高校，招收书法学专业本科生的有10所。

另外，上海市招收书法专业研究生的高校有华

3.因部分省份具体考生人数未公布，所以需要根据考场数量和每个考场人数进行大致估算，并结合历年考试数据，得出总数约30000人。
4.此表数据来源于各高校官方网站上公布的艺术类本科招生简章。

东师范大学、上海大学、上海师范大学三所，上海交通大学目前是否还在招收书法方向的研究生尚需进一步查证。

总体来看，目前上海市招收书法专业学生的高校数量与招收人数都低于全国平均水平。对这两个方面进行提升，将有利于上海书法艺术事业的健康发展，也会对目前上海市中小学书法教育存在的问题有所改善。

另外，高校在培养目标与课程设计中需要更多地关注中小学书法教育课程。高校除对专业课程的设计与要求外，更需要着力于书法教育。应在课程设置中增加一定比例的"教育学"及相关课程，鼓励书法专业在校生考取教师资格证，同时与对应的中小学进行合作，安排学生进行教学实习，提升一定比例的教学实践课程，使得更多的在校生对中小学书法教育课程产生兴趣，这样会在一定程度上提高毕业生参与中小学书法教育的比例。

2. 上海市书法家协会发挥作用

上海有着悠久的历史与深厚的文化底蕴，海派书家、画家更是冠绝一时。上海市书法家协会继承了这些光荣传统，承担起更多的责任与上海市高校合作。在这一方面，上海市书法家协会已经在尝试探索新模式。如：与上海戏剧学院合作，共同举办书法艺术研究方向高级研修班。

书法艺术研究方向高级研修班注重发挥上戏的强大艺术教育师资和上海书协的书法理论研究、创作优势，为学生设置了合理的课程，使学校教授、著名书法家授课、专题讲座相结合，并加入创作实践课程，为开拓新型高校书法专业教育模式提供了思路。

3. 二馆一社的资源优势

上海市有着丰富的公共资源，应将这些公共资源协调利用与高校合作，其中最具代表性的机构有上海博物馆、上海图书馆与上海书画出版社等。

近年来，上海博物馆举办了"万年长春：上海历代书画艺术特展""中日书法精品展""晋唐宋元书画国宝展"等大展，上海图书馆则举办了"大唐气象——上海图书馆藏唐碑善本展""缥缃流彩——中国古代书籍装潢艺术馆藏精品文献展"等大展，上海书画出版社旗下的《书法》《书法研究》等书法专业期刊，在书法界具有广泛而深远的影响。

上海博物馆、上海图书馆与上海书画出版社的学术实力毋庸置疑，都是国内顶级的研究机构。若是两馆一社能在目前的基础上开展更多、更广泛的社会活动，如上海图书馆举办的"全国第七届中小学生艺术展演上海市活动学生艺术作品展"等，必将促进上海书法教育的大发展。

三、对上海市中小学书法教育存在问题的对策建议

针对目前上海市中小学阶段书法教育发展现状及存在的问题，笔者尝试找到一些解决问题的方法，以期能贡献一份绵薄之力。

1. 全面落实"美育中考"，尤其需要落实书法进中考

对于学生全面素质的培养势在必行，然而目前情况下，大多数学生的学习积极性往往受制于"中

考"与"高考"这两道门槛，如果不能保证"美育中考"的如期落实，一切的相关方案都难以呈现出较好的结果。

书法列入中考的话，必然会有更多对书法有兴趣的学生在高中阶段钻研书法艺术，进而参加书法高考，从而推动上海的高等书法教育质量的提高。

2. 落实书法教师的编制待遇

目前全国高校每年毕业的书法专业本科学生在5000人左右，这理应成为中小学书法教师的主要来源[5]，但除去继续读研深造以外，愿意投身中小学书法教育的比例是极低的。一方面，这与高校中"教育学"及相关专业课程的缺失有关，另一方面则是因为目前中小学中留给书法专业教师的编制不足。没有编制，使得这一岗位对高校书法专业本科毕业生的吸引力降低；书法专业毕业想当书法教师，却要去考美术专业的教师资格证，有点滑稽；同时，编制不足也影响了岗位的稳定性，难以留住书法专业人才。总而言之，编制不足是影响毕业生投身中小学阶段书法教育的最重要因素。因此，想要解决师资匮乏的问题，必定要先解决书法专业教师编制以及相关待遇问题。

3. 提高艺术课程时长

目前中小学中艺术课程时长普遍不足，应逐步达到教育部所规定的 9%—11% 的比例，并且对"3+3课程"的具体规定进一步落实。艺术课程时长的充分与否，直接影响艺术课程结课时的教学质量。若因教学时长不足而导致课程难以进行或教学质量低下，将会严重挫伤学校、教师、学生三方的热情，甚至可能会造成与"美育中考"宗旨相反的结果。

4. 对课程进行研发

目前上海市各中小学的书法教学各不相同。百花齐放虽然有利于培养学生个性，却使得一个学校的书法教育质量完全取决于该校的任课教师。因此，应聘请书法专家与一线教学教师共同商讨交流，制订统一的课程及教学标准。在此基础上，完善全上海市统一使用的教材及教学纲要，使得中小学阶段书法教育如同传统意义上的"主课"一样，形成科学严密的教学体系。

针对有书法特长或对书法有较大兴趣的学生，组建书法兴趣小组，由专职书法老师进行辅导，分层次教学。根据学生的书法基础和能力分类，采取相应的教学方法、内容和目标分层，有梯次、有针对性地进行引导。

5. 组织参与中小学生书法比赛

当书法进课堂全面落实之后，可以由上海市教育局及上海市书法家协会牵头举办分级的中小学书法比赛。通过各个学校对这一比赛的参与情况，上级部门可以直观地了解到各个学校书法教育的发展情况，逐步深化改革；学校可以对各个学校的教学情况有所了解，对外可以互相参观学习，交流经验，对内可以对教师教学情况进行直观考核；教师与学生可以了解自己的教学情况或学习情况在全区、全市的大体位置，借此查漏补缺。因此，这一比赛将是书法进课堂全面落实之后评估各学校情况的重要一环。

---

5. 潘善助：《论中小学书法师资的高紧缺与高等书法教育的低输出》，《大学书法》2022年第1期，第50—52页。

除此之外，还应多举办全国性的中小学生书法比赛。目前上海市已有一些具有全国影响的中小学生书法比赛，如由上海市书法家协会主办的上海奉贤"言子杯"国际青少年书法大赛，迄今已成功举办八届之多，成为上海市与奉贤区对外书法交流的一张名片。

6. 提升在职书法教师的专业素养

目前在职的书法教师与新加入的书法专业毕业生未能满足新形势下中小学阶段书法教育的要求，因此，应在"美育中考"全面落实之后对全市所有在职书法教师定期进行相关的专业素养提升活动。可以由上海市书法家协会、开设书法专业的上海市高校、上海博物馆、上海图书馆等机构组织开展各类短期培训、学术讲座、展览导览等活动，力求多层次、多维度地提升在职教师的专业素养与教学能力，为全市中小学阶段书法教育改革保驾护航。

7. 聘请校外专家

上海是全国顶尖书家聚集的区域，有许多德高望重的书法家。在条件允许的情况下，应由上海市书法家协会、开设书法专业的上海市高校、上海博物馆、上海图书馆等机构协调，使市内中小学分别聘请专家作为学校书法教育发展的顾问，这些校外专家参与到中小学阶段书法教育中，将会使各中小学的书法教育事业锦上添花。

四、对上海市未来书法教育发展前景的一些设想

随着经济、文化的飞速发展，教育教学也迎来了新一轮的改革浪潮。根据2021年教育部最新的高考教育政策推断，未来几年，上海市中小学阶段书法教育的现状必定会有所改观。

1. 上海市考生数量与可报考的院校数量将会大为增加

上海市书法艺考考生数量较少，这与上海书法事业的辉煌形成了鲜明的反差。教育部规定，全国各省市要在2024年全面落实书法专业统一考试，在目前非独立艺术院校都难以组织校考转而采用各地书法统考成绩进行录取的形势下，设立上海市书法统考意味着会有更多的书法高校面向上海招生，这将会极大地提高上海市书法专业艺考生的录取率。

另外，上海大学上海美术学院、华东师范大学等上海高校也都在积极申报书法学本科专业，相信随着招生院校、录取名额的增加，上海市书法高考考生规模也将会变大，这与中小学阶段书法教育的不断发展和完善正好相辅相成。

2. 上海市本地书法发展的完善

上海市作为中国发展水平较高的城市之一，家长普遍不希望自己的孩子离沪上学或离沪工作，这使得大量上海籍学子在毕业后仍然会选择回上海工作，上海本地参与书法艺考的学生增加，就意味着上海书坛力量的增强。大量书法专业毕业生的出现，必将推动上海市书法教育的快速发展，从而培养更多上海本地的书法新秀，借此创造更多就业岗位，形成完善的大学、博物馆、图书馆、出版社、中学、小学的联合，促进书法教育事业发展。

结 语

上海市中小学阶段书法教育目前面临问题是发展的必然，对于这些问题的分析与探索改善方式，既有利于上海市书法教育的健康发展，同样也是加强上海书坛未来有生力量的重要举措。上海市中小学阶段书法教育的情况以及高等书法教育的发展前景都将越来越好，加上相关教育部门的大力支持和倡导、上海市书法家协会的策划和推动、上海各大高校对高等书法教育的不断重视和发展，上海书法教育事业必将在不久的将来走向新的辉煌。

小学书法教材插图浅议

文 / 李小勇 张雪玉 江西师范大学

摘要： 本文围绕小学书法教材中的插图进行讨论。首先阐明小学书法教材中插图的重要性，其次指出当下小学书法教材中插图的现状和问题，最后就存在的问题对教材编写团队、编辑团队、印制团队提出建议和对策。笔者认为现在不仅要正视目前的问题，研究目前的问题，而且更要往前看，要积极关注整个中小学教材中插图前沿，如插图生活化、时代化、多元化、审美化等等，使插图有书法学科特色。

关键词： 小学；书法教材；插图

一、问题的提出

插图是当下文学界、教育界的研究热点，教材中的插图研究更是教育类专业研究生论文选题的重点。相对成熟的学科如语文、数学等的小学教材中的插图研究已经非常深入，取得了大量的优质成果，并反过来推动了教材的改革与发展。小学书法作为一门设置不久的课程，其教材中的插图研究尚显不足，原因有二。一是研究对象与研究材料有限。小学书法教育才兴起不久，当前第一批由教育部审定的小学书法教材的使用时间与地区也有限，所以在很长时间内研究者们可以进行研究的对象与材料很有限。二是研究关注度有限。当下研究群体对小学书法教材的研究还很薄弱，并且主要集中在内容编排等宏观问题上，插图还没有引起他们的普遍关注。"当前书法教材的相关研究不仅数量较少，而且程度较浅。以中国知网为工具进行文献检索，结果显示，与中小学书法教材高度相关的文献仅有百篇左右，在著作方面，学界至今没有一本关于书法教材的专门论著，由此可以看出，书法教材的相关研究数量较少。在研究内容上，目前国内为数不多的书法教材相关文献，大多是从宏观上对不同地区教材选择版本的调查，或者是对不同版本在书体选择上的论证，已有研究尚未涉及对部审版书法教材的深入探讨，更缺少将不同版本的教材进行系统的对比分析。书法教材的知识体系、编写逻辑是否科学有效，呈现方式是否符合学生的书写心理，教材的可操作性和与其他学科的联系等一系列问题还有待论证。"[1]在此研究背景下，本文将围绕小学书法教材中的插图进行一定的讨论，以待专家指正。

二、插图的重要性

插图是指在教材中起辅助解释、说明或装饰、欣赏作用的图画。[2]它是教材中的重要组成部分，与教学文本内容相互配合，发挥着不可忽视的作用。首先，小学生思维特点以形象思维为主，利用插图

---

1. 丁博：《我国小学书法教材的比较研究——基于四套部审教材的分析》，硕士学位论文，河南大学，2019 年。
2. 马云鹏：《小学数学课程标准与教材研究》，高等教育出版社，2016 年，第 101 页。

可以让知识的传播更加形象生动，尤其对有大量操作技能的书法课程来说，运用好插图有利于技能动作要点的理解与掌握，从而提高课堂教学效果。其次，作为说明或装饰作用的插图，可以增强整个教材的美观程度，提高小学生们对此门课程的喜爱程度，而且可以作为一种隐性知识来培养小学生们的综合审美情趣。因为"不同风格的插图均是美的体现与表达，甚至起到文字无法表达的情感教育作用，是进行审美教育的重要载体"[3]。另外，作为专门欣赏的插图则更是对学生进行美育的课程资源，甚至还可以通过此类插图进行德育、生命教育、爱国主义教育等，其效果远比文本内容的教育自然生动。

三、小学书法教材插图的现状及其问题

当前的小学书法教材建设与开发总体上是滞后的，它表现在"无论是书法研究的高层次专业人员，还是校内外一线教师，对教材编写总体上都没有足够的研究方面和实践方面的准备"[4]。目前专家们对"如何定位教学目标？如何构建知识体系？"等重要问题尚有较大困惑，那么教材中的插图存在一些瑕疵在所难免。就笔者观察，以下几个问题特别需要引起注意：

（一）插图类别单一

相对于其他成熟学科的小学教材，目前小学书法教材中的插图类别显得单一。研究者发现，小学数学教材中的插图按使用频率及重要性来分，大致可以分为背景插图，教学思维图，单元主题图，例题、习题情境图四类，并且每一类插图都有其十分清晰明了的功能。[5]其他人文性的学科如语文、英语，其插图类别更是丰富多彩，功能多样。然而，反观当下小学书法教材的插图，主要有三大类：一是用作欣赏的书法经典作品（背景插图）；二是用作教学内容的书法例字及书写示意插图；三是起装饰作用的小图标，如教学内容各板块的标题设计。教学思维图、单元主题图、情境图则非常罕见，所占比例极小。插图类别单一让整个教材显得单调和枯燥，这将大大影响学生对书法知识的理解、技能的掌握，以及美感的培养。

（二）插图质量不高

本文所说的插图质量是指插图的清晰度和色彩还原度情况。现行的小学书法教材中的插图清晰度整体上较高，只有少量的实景照片类插图清晰度不够，插图质量问题主要体现在插图色彩还原度上。现行小学书法教材全部采用四色印刷，其成本相对于单色来说增加了不少，可以说在低定价的现实条件下实属不易。但是有些教材里面尤其是作为欣赏类的书法作品式插图颜色失真较大，它们主要表现在三个方面：一是拓片书法的黑白对比度过大，导致颜色失真；二是有相当部分书法作品的印章颜色过于红艳或者暗灰，影响其作品格调；三是书法作品纸张的颜色，有的是整个作品底色十分不均匀，有的是底色被去掉，有的则是底色整体失色，情况不一而足。笔者认为，可将小学书法教材插图质量作为整个书画图书出版的标尺，但从现状来看，一些书法教材的插图质量着实令人担忧，值得相关部

---

3. 蒲志安：《小学低年级教材插图的认知、教育功能与定位分析》，《课程·教材·教法》2008 年第 9 期。
4. 《知识与技法并重——叶培贵谈"中小学书法教育"》，《中国书法》2014 年第 2 期。
5. 马云鹏：《小学数学课程标准与教材研究》，高等教育出版社，2016 年，第 101—102 页。

门高度注意。

（三）适应性较低

适应性主要是指插图的形式是否适应小学生的心理特点，是否具有低龄化视角。插图形式大致可以分为实物图、示意图、卡通画、漫画等类别。据笔者观察，当下的小学书法教材插图形式主要以古代经典书法作品和书法例字为主，而为小学生喜闻乐见的卡通画、漫画较少。另外，现行的大部分小学书法教材中的许多装饰性小插图（或小图标），如标题、练习、导语等，无论在颜色还是造型设计上，相当一部分也没有从小学生心理特点出发，整体显得过于严肃庄重而有失轻松活泼。可以说，当下的小学书法教材插图大致还停留在只注重书法课程内容的科学性与体系性，而对小学生心理特点的适应性的关注还远远不够。小学书法教材中的插图对小学生的适应性低，不仅大大影响课程的教学效果，还会影响学生对本门课程的喜爱程度，此类问题不可不重视。

（四）其他问题

除了以上三大比较突出的问题以外，小学书法教材中的插图还存在一些编辑出版规范的问题，如欣赏类书法作品出处、尺寸的注明，插图排版位置的合理性等。当然还有插图的科学性也需要进一步提高的问题，如图文匹配度、插图编排顺序等等。如研究者丁博发现他所研究的四套部审教材在图示信息的开发上均存在一些缺陷：图文配合度低，没有将动作步骤分解清楚；构图比例失调，笔画出现变形；插图模糊不清，色彩运用不当等，使得配图的价值没有完全发挥出来。[6] 另外，插图的审美性也应该引起重视，如何将插图的多样性与统一性结合起来，如何将插图的规范性与艺术性结合起来，都是值得思考的问题。

四、建议及对策

针对以上小学书法教材中插图的现状与问题，笔者认为至少可以从以下三个方面进行反思与修正。

（一）教材编写团队层面

教材不同于专著，它是一个跨学科的工程，是一个更加强调合作的工程。首先，教材的编写者要从思想上认识到不能只从本专业出发，只关注教学内容编排的科学性、适应性，而忽视插图的重要性。其次，教材编写团队要积极借鉴其他成熟学科的插图成果，合理转化，以实现小学书法教材插图类别的多样化。再次，编写团队还需要加强把握小学生心理特点，开发出符合小学生心理需要的插图，实现插图形式的多样化。既然教材的编写是一个跨学科工程，那么专门邀请教育学、设计学专家，甚至邀请一线小学书法教师进入编写团队也并无不可。插图质量的提高单方面要求编写团队并不现实。如作为欣赏类高清书法图片的搜集，受到其版权及收藏机构公开范围等现实条件的制约，可能需要多方面的协助解决。另外，插图颜色也需要美术编辑与印制工作人员来协调处理实际问题，而编写团队可以参与后续样书的审校环节，以专业视角对插图的

---

6. 丁博：《我国小学书法教材的比较研究——基于四套部审教材的分析》，硕士学位论文，河南大学，2019年。

质量进行监督十分必要。

（二）教材编辑团队层面

据笔者了解，在当下小学书法教材编写的年代，书法专业人才并不是很多，进入美术类出版社从事书法出版的则更少。即便是从事书法出版的书法专业人才，也因入行时间较短，真正的编辑能力可能还没有形成，对教材插图的认知也未必到位。因此，当下小学书法教材的编辑团队，首先需要书法专业学科知识和编辑能力的综合提升。只有专业知识与业务能力相结合，编辑团队才会有自主性，才可能给教材编写团队在插图类别多样性、插图适应性等问题上提出有"编辑力"的要求，给教材的插图进行有力的引导，而不只是一个被动加工润色的角色。其次，小学教材的编辑团队要积极配合编写团队，发挥好沟通协调能力，积极奔走于博物馆、高校等单位，以便为编写团队提供质量好的图片，扮演好社会活动家的角色。另外，在教材的排版设计上，编辑团队要将教材编写团队及自身的思路和想法与美术编辑做好沟通，做到真正落实，让插图位置、插图风格、插图大小、插图出处信息等不仅符合编辑出版的要求，更符合艺术审美的要求。

（三）印制团队层面

小学书法教材从编写到编辑加工、排版设计再到印刷装订，是一个系统工程，环环相扣，相互影响。印刷装订主要由印制团队负责，它是保证插图质量的最终环节，这一环节的疏忽将导致前功尽弃。因此，负责这一环节工作的印务，除了掌握一些必要的专业印制技能之外，还要提高书画艺术素养。这是他们与编辑团队、印制团队沟通的基础。因为只有具备这两方面的专业知识，才能在编辑团队所要求的理想的插图质量与实际印制条件下的最佳效果之间、成本与效率之间找到一个比较好的平衡点，从而保证教材出版质量。

"教材建设关乎国家的学术研究水平和国家的教育质量，是教育战略的重要内容之一"[7]，不可不重视。要解决当前小学书法教材中的插图问题，需要各个团队各司其职，提供专业智慧，做好本职工作，更需要各个环节的专业团队通力合作，甚至有时还需要教育部等相关单位领导配合出面协调或者出具相关文件、公函以方便调动相关资源。

五、结语

毋庸置疑，现行的小学书法教材无论是内容的编排还是形式的设计都凝聚了书法界、出版界、教育界等各界专家学者们的大量心血，所取得的成绩有目共睹，所起的作用不可估量；但是现行小学教材中所反映出来的插图问题也值得引起大家的关注。笔者认为，目前不仅要正视问题、研究问题，更要往前看，要积极探索小学教材中插图发展前沿，如插图生活化、时代化、多元化、审美化等等，使书法教材插图有书法学科特色、质量较高。

---

7. 张百军：《技能 文化 审美 创新——浅谈中小学书法教材编写的四个维度》，《书法教育》2020年第1期。

儒家"义利"观对当代青少年书法教育观的启示

文 / 张曙光　湖北美术学院

摘要："义利"观自古以来是儒家津津乐道的重要思想之一，争辩至今已有两千多年历史，如今仍具一定影响力。本文旨在以儒家视域中对"义"和"利"的辩论所涉及的伦理道德和物质利益间的矛盾关系为基点，结合现当代青少年书法教育现状，分析探究其系列思想主张对中国当代青少年书法教育观念的启示，可知对未来书法教育发展具有重要指导意义。

关键词：儒家；"义利"观；青少年；书法教育；启示

随着科技的进步、社会的快速发展，特别是进入21世纪以后应运而生的"互联网时代"，键盘输入替代了书写，传统的毛笔已逐步被社会遗忘，书法艺术的传承和发展面临着严峻考验。中国书法作为我国传统文化的瑰宝，它的前途和命运日益受到国家和社会各界的广泛重视，书法教育便成为传统文化传播的重要手段，作为国之栋梁的青少年更是成了传播的核心对象。此外，青少年书法教育的开展对我国学生素质教育的发展也尤为关键。故青少年书法教育的推行至关重要。中国教育观在发展过程中深受儒家教育思想的浸染。《儒学在现代中国》中有载："由于儒学在中国传统文化中的特殊地位、特殊影响，使它对大陆社会的道德观念、价值观念、思维方式、心理结构以及文化教育传统等仍存在着不可忽视的影响。"[1]儒家学派在长期的教育实践中积累了充足的经验，提出的一系列教育思想理论为后世的教育发展留下了宝贵财富，我们应吸取其中优秀的思想来完善当代青少年书法教育观，促进我国书法教育事业不断发展。本文将从儒家"义利"观中所论及的系列思想来系统阐述其对当代青少年书法教育观的启示。

一、儒家"义利"观的核心概念

"义利"观最初是孔子提出的，《论语·里仁》载："君子喻于义，小人喻于利。"[2]孔子将"君子"归为"义"，"小人"归为"利"，那么何为"义"？何为"利"？我们可以先以孔子对"君子"和"小人"的命题为依据来初步判定"义"和"利"。《论语·里仁》记载："君子怀德，小人怀土；君子怀刑，小人怀惠。"[3]孔子认为君子是怀有仁德、胸有法度之士，而小人是怀恋土地、关心利益的人。《论语·宪问》也将君子与小人的本质用"上达"和"下达"予以区分，表达为仁义和财利之意，孔子在《论语·阳货》《论语·述而》等文中均将君

---

1. 宋仲福、赵吉惠、裴大洋：《儒学在现代中国》，中州古籍出版社，1991年，第3页。
2. 刘兆伟译注：《论语》，人民教育出版社，2015年，第69页。
3. 刘兆伟译注：《论语》，人民教育出版社，2015年，第66页。

子评价为道德品行高尚的人，而小人反之。由此可大体理解"义"反映为伦理道德，"利"为物质利益。然"义"具体内涵《礼记·中庸》有云："义者，宜也。"[4]"宜"在《说文解字》中注为"所安也"[5]，即"宜"使人感到安逸舒适，引申为适宜、合宜，表现为做适宜之事。哲学家冯友兰先生认为："义是事之'宜'，即'应该'。它是绝对的命令。"[6]《中国传统文化指要》中解析其为"义者宜也，含有应当之意，引申为一般的道德规范（当然之则）"[7]，故可将"义"引申理解为思想和行为准则应当合宜一定道德规范的标准。"利"就是指功效利益。"义"与"利"的争论便可概括为道德原则和利益原则之间的内在矛盾关系问题。

"义利"观在儒家文化发展史上，大体分为三个阶段，即以孔孟为代表的春秋战国时期、以董仲舒为代表的两汉魏晋时期、以"二程"和朱熹为代表的宋元明清时期。每一阶段的论辩略有差异，但整体思想趋于统一，表现为"贵义贬利"的价值观特点。自孔子起，儒家"义利"观可概括为"义以为上"的道德原则，由此衍生出"见利思义""以义制利""惟义所在"等思想观念，从这些观念可看出儒家圣贤并非完全不讨论"利"，而是认为"利"是人在社会生活中所必需的，孔子就曾言："富与贵，是人之所欲也，不以其道得之，不处也。"[8]利欲是每个人都存在的，关键在于以何种方式去求利，同时掛酌谋求之心是否合乎道义，这就是后来人们常说的"君子爱财，取之有道"[9]的道理。儒家思想中的"义"和"利"看似是对立的，实则是在对立中互相渗透，互相转化，互相关联，最终寻求和谐与统一的。

二、儒家"义利"观对青少年书法教育观的启示

儒家学说是中国传统教育思想的重要架构，以孔子为代表的儒家学派多把教育当作他们思想的主体内容，自汉代汉武帝刘彻采用董仲舒"推明孔氏，抑黜百家"[10]的提议后，大力推行"罢黜百家，表章六经"[11]的主张，为中国古代乃至现代文化教育发展提供了重要指导方向。"义利"观是儒家思想探究的核心议题，儒家前贤以"义"与"利"的矛盾为出发点进行思考，在实践中寻求彼此的统一，从而形成了一系列具有实用性的"义利"观，这种观点不仅在古代具有指导价值，而且对当代青少年书法教育观念的发展更具有借鉴意义。

（一）遵循"义以为上"的道德教育原则

思想道德修养的培育是儒家教育的核心内容，其目的在于造就有节操的圣贤之士。儒家认为人的发展需遵循"仁、义、礼、智、信"的道德规范，这有利于弘扬民族精神、树立高尚品格和促进人才

---

4. 子思：《中庸》，二十一世纪出版社，2015年，第39页。
5. 许慎：《说文解字》，陈昌治刻本，第289页。
6. 冯友兰：《中国哲学简史》，北京大学出版社，2013年，第43页。
7. 曹晓宏主编《中国传统文化指要》，巴蜀书社，2008年，第48页。
8. 刘兆伟译注：《论语》，人民教育出版社，2015年，第61页。
9. 佚名：《增广贤文》，辰南堂书局，1945年，第15页。
10. 班固：《汉书》，明刻本，第1221页。
11. 班固：《汉书》卷六，清初抄本，第33页。

的均衡发展。这些观念恰与以素质教育为根本的现当代教育有着一致的见解，青少年的书法教育观亦是如此。书法教育宏观上看是培养学生汉字书写能力，实则富有多重功能。其中最重要的就是"义以为上"的德育教化。

孔子格外看重弟子的德性发展，《论语·阳货》云："君子义以为上。"[12]"义"被认为是评判行为准则的关键，孔子认为主体行为不违背"义"的范围，都含有善的价值，孟子"惟义所在"[13]也印证了此点，可见"义"在人的成长过程中极为重要。"义"所涵盖的伦理道德价值早在古代书法教育中就有映射，表现为人品和书品间的关系。宋黄庭坚有云："学书要须胸中有道义，又广之以圣哲之学，书乃可贵。"[14]这里"道义"即指崇高的道德品质，正好揭示唐柳公权所提倡的"心正则笔正"的观点。我国书法史上对王羲之的书作赞不绝口也因其人品正，清李瑞清《清道人论书嘉言录》记载："书学先贵立品，右军人品高，故书入神品。"[15]足见"书品即人品"是书家道德追求的显现。当代青少年书法教育观念中，也应有"作字先做人""义以为上"的思想。

当代青少年书法教育重在培养学生的书写技能，若想写得好，思想道义则要高。古代书家项穆《书法雅言》曾指出："人正则书正。"[16]启示师者在"传道授业解惑"的同时，培养学生优秀的道德品格和爱国情怀对书法学习至关重要。施教者在书法教育教学中，可以通过书家背后的故事和书法作品对其进行熏陶，唐代书法大家颜真卿就是最好的代表。宋朱长文《续书断》赞扬其人品与书品："其发于笔翰，则刚毅雄特，体严法备，如忠臣义士，正色立朝，临大节而不可夺也。"[17]细观颜真卿楷书大作《大唐中兴颂》，用笔浑厚劲健，字势平稳端正，饱含忠义朴正之风。此作体现了唐代平定安史之乱的元颜二位功臣，经历战乱后感慨大唐走向中兴的忠贞爱国情怀。清王士禛赞其云："芒寒色正三百字，忠义之气何淋漓。"[18]颜真卿正是有这些忠贞义烈的品质，才创作出雄浑苍茫有气节的神妙作品来。书如其人，书品即是人品的体现。青少年的书法教育观培养就是要将人品培养摆在教育的制高点，让青少年学习书法艺术的同时，透过汉字和书法历史激发爱国情怀和道德责任意识。此举不仅对青少年汉字书写及其身心发展有所帮助，同时也对弘扬中华优秀传统文化和中国特色社会主义伟大事业的建设有深远影响。综上可见，儒家"义以为上"的道德教化对中国青少年书法教育观念的完善尤为重要。

（二）强化"利"的教育观

自 2011 年教育部颁布《关于中小学开展书法教育的意见》[19]起，直至 2021 年 10 月 18 日教育部最新回答关于如何加快落实书法传承教育工作，

---

12. 刘兆伟译注：《论语》，人民教育出版社，2015 年，第 435 页。
13. 木目编著《孟子》，吉林文史出版社，2017 年，第 240 页。
14. 上海书画出版社、华东师范大学古籍整理研究室选编校点《历代书法论文选》，上海书画出版社，2014 年，第 355 页。
15. 李瑞清：《清道人论书嘉言录》，载崔尔平选编点校《明清书法论文选》，上海书店出版社，1994 年，第 1094 页。
16. 上海书画出版社、华东师范大学古籍整理研究室选编校点《历代书法论文选》，上海书画出版社，2014 年，第 531 页。
17. 上海书画出版社、华东师范大学古籍整理研究室选编校点《历代书法论文选》，上海书画出版社，2014 年，第 324 页。
18. 王士禛：《渔洋续诗集》卷十五，岳麓书社，2007 年，第 1011—1012 页。
19. 中华人民共和国教育部：《关于中小学开展书法教育的意见》，教育部网站，2011 年，教基二〔2011〕4 号。

即《对十三届全国人大四次会议第 5576 号建议的答复》，进一步推进了书法教育进课堂。现阶段，我国中小学书法教育在课堂中基本落实，书法基础技法及思想内涵教学工作相继展开。然而，在我国贯彻落实中小学书法教育发展的十余年内，书法教育因应试教育体制的影响陷入步履维艰的困境，书法在青少年的教育普及中并未受到相应的重视，不论是学生自身，还是家长与老师，更多的是将学习重心倾向于主要应试科目之中，由此出现的诸多问题对青少年书法教育的发展造成极大负面影响，对此我们不妨借鉴儒家关于"利"的价值观来讨论探索当今书法教育的发展。

儒家的"义"与"利"作为中国传统价值观的两个范畴，宏观上看表现为一种对立的冲突关系，实则"义"与"利"是相互联系、相互渗透的对立关系。"义"是儒家追求道德形式上的观念，然人们在各式各样的社会生活中又离不开"利"的驱使，儒家虽肯定"义"的内在价值，但并没有彻底摒弃"利"的功效。《二程集》有记载："圣人于利，不能全不较论。"[20] 孔子曾前往卫国，并未先关心道德风气而是感慨其国家人口之多，与弟子对话中透露出"先富后教"[21] 的思想，暗示经济利益是道德教化的基础，可见，"利"并非绝对的恶，在一定程度上对"义"有积极的促进作用。纵观当下青少年书法教育现状，在追求"义以为上"的道德教育的同时，笔者认为适当加入儒家思想中有关"利"的价值诱导，有利于推动书法教育的整体发展。从学生主体来看，书法教育的目的一方面是使学生掌握书法技能，另一方面在于培养学生对书法的浓厚兴趣，从而了解古代文化知识并提升审美感知能力。然而"写好规范字"自古以来在众多青少年甚至家长的思想观念中根深蒂固，即注重硬笔书写能力，当然从应试教育层面来看是完全可理解的，但从整体书法教育观，尤其对软笔书法艺术学习的层面来看则是片面的。故我们该如何提升学生的书法认知水平？怎样达到书法教育的广泛性目的？在此，做"利"的价值诱导至关重要。

首先，应加强对青少年艺术素质测评的利益引导。2015 年教育部颁布的《中小学生艺术素质测评办法·中小学生艺术素质测评指标体系（试行）》载："在学校现场测评中展现的某一艺术项目的特长（包括声乐、器乐、舞蹈、戏剧、戏曲、绘画、书法等）为艺术特长（加分项）加十分。"[22] 明确规定书法作为艺术特长予以加分，如此大的优惠政策极大推动了学生学习书法的热潮，伴随着书法考级制度的完善和需求的日益增多，校外书法培训机构也如雨后春笋般蓬勃发展起来。其中硬笔书法学习者占据多数，学生通过培训机构的硬笔书法培训能够较快提高实用书写能力，又给予自己加分项。而软笔书法学习人数较少，其原因可能也与毛笔是一个"非日常"书写工具有关，它需要技能的长期积累与时间沉淀才能达到一定水平，这使软笔书法学习只能在缓慢中前进。若想真正让软笔书法在青少年书法教育中得到进一步发展，应加大软笔书法

---

20. 程颢、程颐：《二程集》，中华书局，2004 年，第 396 页。
21. 刘兆伟译注：《论语》，人民教育出版社，2015 年，第 287 页。《论语·子路》："子适卫，冉有仆。子曰：'庶矣哉！'冉有曰：'既庶矣，又何加焉？'曰：'富之。'曰：'既富矣，又何加焉？'曰：'教之。'"
22. 中华人民共和国教育部：《中小学生艺术素质测评办法·中小学生艺术素质测评指标体系（试行）》，教育部网站，2015 年，教体艺〔2015〕5 号。

的加分力度，将其与硬笔书法区分开来，通过分数的适当刺激，激发中小学生学习的积极性。

其次，应注重青少年软笔书法展览、比赛的利益导向。2002年教育部发布的《学校艺术教育工作规程》中指明："全国每三年举办一次中学生（包括中等职业学校的学生）艺术展演活动，每三年举办一次全国大学生（包括高等职业学校的学生）艺术展演活动。"[23]2021年教育部在《对十三届全国人大四次会议第5576号建议的答复》中提出将书法实践活动纳入到全国大中小学生艺术展演活动中[24]，此项举措极大地促进了书法教育与实践活动的发展。然而在书法实践中又有诸多问题相继出现，全国大学生投展人数远远高于中小学生，这与中小学年龄段的学生正处于小升初和中、高考应试教育的关键时期，被迫轻视书法教育有关。2018年《教育部对十三届全国人大一次会议第7496号建议的答复》就明确指出："具有书法特长的学生，可以在中、高考自主招生中发挥自身优势。另外，全国已有多所高校开设'书法学'专业，有书法特长和爱好的考生可以根据自身情况选择报考。"[25]实际的中招特长生政策是否真的全面落实？我们再来看《2021年北京中招艺术特长生招生计划》（表1）数目，北京市共计63所学校纳入计划，其中招收783名特长生，书法仅有3个名额，还不到总数的0.4%，而器乐、声乐和舞蹈类特长生占据较多名额。由此可见，教育部门应适当增加书法特长生的培养数量，从而通过升学利益的诱导激发学生对书法的学习热情。如果将日常参加展览作为录取特长生的条件之一，则更有利于青少年书法教育的发展。

表1：2021年北京中招艺术特长生招生计划

种类	器乐	声乐	表演	绘画	书法	篆刻	舞蹈	合计
数量（人）	463	124	17	51	3	2	123	783

最后，应深刻认识书法文化知识的利益功效。清周星莲《临池管见》载："故知书道，亦足以恢扩才情，酝酿学问也。"[26]书法理论知识的研习对于青少年书法教育至关重要。通其书理，方可知其笔意，只有具有渊博的学识才能避免书法学习走入歧途。宋苏轼"退笔如山未足珍，读书万卷始通神"[27]的良言便是最好的启示。然书法理论知识薄弱的现象普遍存在于全国大中小学之中，而中小学的知识架构主要以学校教育中教材列入的内容为主要导向，2021年教育部《对十三届全国人大四次会议第5576号建议的答复》中提出加强书法课程建设，开展书法实践活动，将书法活动"纳入汉字文化系列活动"[28]，必将推动书法文化知识的广泛传播。现如今，由于当代大众媒体的快速发展和国家对书法传统文化的重视，汉字类节目走上了电视的舞台，从中央广播电视总台播出的《中国汉字听写大会》，到湖北卫视推出的《奇妙的汉字》，再到浙江卫视热播的《妙墨中国心》，此类文化节目用独具特色

---

23. 中华人民共和国教育部：《学校艺术教育工作规程》，教育部网站，2002年，教育部令第13号。
24. 中华人民共和国教育部：《对十三届全国人大四次会议第5576号建议的答复》，教育部网站，2021年，教体艺建议〔2021〕545号。
25. 中华人民共和国教育部：《教育部对十三届全国人大一次会议第7496号建议的答复》，教育部网站，2018年，教建议〔2018〕第411号。
26. 上海书画出版社、华东师范大学古籍整理研究室选编校点《历代书法论文选》，上海书画出版社，2014年，第730页。
27. 蔡正孙：《诗林广记》，载纪昀等主编《钦定四库全书》集部九，清刻本，第13页。
28. 中华人民共和国教育部：《对十三届全国人大四次会议第5576号建议的答复》，教育部网站，2021年，教体艺建议〔2021〕545号。

的视角去追寻中国书法汉字的历史根源，并用多重视角探索讲述了文字背后的人文故事，此举极大拓展了书法教育的维度，为青少年学习书法知识打开了新的视野。书法文化知识的积累不仅提升了学生理论水平，同时也势必对技法的训练起到"胸中有书，下笔自然不俗"[29]的功效。

（三）倡导"见利思义"的书学观

"义利"之辩在众多学者看来是学术观点间的碰撞，对于青少年书法教育发展来说，则更多体现的是实践和措施所造成的系列现象的利弊权衡，由此衍化出对"利"取舍的价值探讨。儒家认为对"利"的追求在一定程度上有益于事物的发展，宋代理学家程颐有云："人无利，直是生不得。"[30] "利"在社会生活中固然不可缺少，但对其的追求必须要在一定"义"的约束下进行，如若超越制约的范畴，造成"重利轻义"的现象，就会导致不好的结果发生，这也是儒家一再强调不可"唯利是求"，提倡"见利思义""先义后利""以义制利"的原因。

"利"的价值诱导对当代青少年教育的发展固然有一定促进作用，但是过度的对"利"的追求也会造成一定不良影响。如出现"书法展览中心化"，就背离了书法展览是为了培养出优秀的书法人才、提升当代书法创作整体水平的初衷。出发点本是好的，但在其实行中不免显现出众多流弊。展览某种程度上相仿于古代的科举，中举的士人就被大众认可为博学多才之人，没有中举则要更加努力学习以达到一定水平，再次科考。当代书法展览，投展作者为了使作品入展，反复推敲创作出能够"中榜"的展览作品，并以此获得中国书法家协会会员证作为对自身书法水平的证明。科举文章中像苏轼《刑赏忠厚之至论》此类考场佳作极为少见，更何况书法艺术作为造型艺术的一种，为展览而创作，其艺术表达上更容易审美雷同化。纵观当下各大展览，流行书体跟风的情况屡见不鲜，从前几年的"王铎""米芾"再到近几年的"赵之谦""黄庭坚"等，这些符合评委口味的书法风格充斥着整个书坛。展览体的标准化使得很多作品失去本身的"天然"之美。此类现象在当代书法教育中也屡见不鲜，书法专业的高校大学生也趋从投展的风向标，能够真正潜心研究学术者少之又少，于是大多数沦为"抄书匠"，创作灵感被磨灭。少儿书法教育也深受展览体的影响，因社会上早教培训机构优秀师资的短缺，一些无教学经验且从未系统学习过书法的爱好者也做起了启蒙老师，让学生在刚踏入书法学习的行列时就临摹老师作品以及去投商业展览，甚至少数教师有"代笔"之现象，促使学生在短时期内就有一定所谓的金、银、铜奖的荣誉，看似是一种好现象，实则是对传统书法文化教育的亵渎。这不仅没有做到植根传统的学习，反而使其走向功利性的俗路，一切只因"重利"而忘记书法教育的本质"义"是什么了。

"义作为当然之则"[31]，在青少年书法教育观中表现为书法教育本应该做的事情，即书法教育的本质目的，也即人品道德的培养、技法理论的学习和传统文化的传承。当今书法教育不仅要加强"义以为上"的道德教育和基础技法理论学习，而且要

---

29. 朱履贞：《书学捷要》，载《丛书集成初编》第1625册，商务印书馆，1935年，第23页。
30. 朱熹编《河南程氏遗书》卷十八，商务印书馆，1935年，第238页。
31. 曹晓宏主编《中国传统文化指要》，巴蜀书社，2008年，第52页。

充分发挥青少年的创作灵感,充分表达个性情感,在继承传统的同时发扬创新精神,激发出书法艺术鲜活的生命力。古代书家在书学中就极其看重"欲书先散怀抱,任情恣性,然后书之"[32]的性情表达。宋代苏轼"书初无意于佳乃佳尔"[33]的论断最为经典,揭示出书家要在没有禁锢的状态下自然而然地书写才能充分发挥潜力,产生出优秀的作品。优秀作品在于出"新意",他曾称道吴道子的画作"出新意于法度之中,寄妙理于豪放之外"[34],就是对创新的最好解答。可见,随情感书之的作品更耐人寻味,而在一定死规矩下更易造成作品统一化。比如迎合朝廷口味的"馆阁体"造成书法造型的呆板,致使书法时代性发展逐渐停滞。故青少年的书法学习不必受制于死板的法度,在技法训练的同时应主张个性培养,书法艺术的传承核心就在于继承基础上的创新。

简而言之,我们应从书法教育现状中警醒,从儒家思想的"义利"观中获得启发,搭建起书法教育中"义"与"利"的桥梁,碰撞出和谐、智慧的火花。儒家"见利思义"[35]的思想观念,即在"利"面前思考"义",判断学习的最终目的是否符合"义"的范畴。倘若教育教学过程中不符合本质目的"义",那么"利"也不足取之。正如孔子《论语·述而》谓:"不义而富且贵,于我如浮云。"[36]故教育者要用正确的"义利"观来教导青少年学习书法,同时纠正学生和家长对书法比赛、等级考试和书法文化活动的错误认知,让他们意识到通过"义"的制约来寻求"利"的发展,做到"义然后取,人不厌其取"[37],最终激发学生对书法艺术的热情和活力,促进青少年书法教育事业的良性发展。

结语

先秦儒家的教育思想是我国教育观的基础,流传至今仍有一定借鉴意义。其中"义利"观所涉及的系列思想给当代青少年书法教育观带来全新启示,教会我们如何正确处理"义"与"利"的矛盾关系,告知我们在分析和解决问题时要辩证地思考,在对立中寻得统一,促使当代青少年的书法教育朝着合理有效的方向前进,从而培养出有道德、有理想、有才能、有个性的栋梁之材。

---

32. 朱长文:《墨池编》卷二,李荷永和堂明隆庆二年(1568)刻本,第3页。
33. 上海书画出版社、华东师范大学古籍整理研究室选编校点《历代书法论文选》,上海书画出版社,2014年,第315页。
34. 苏轼:《东坡题跋》,载《丛书集成初编》第1591册,商务印书馆,1935年,第95页。
35. 刘兆伟译注:《论语》,人民教育出版社,2015年,第320页。
36. 刘兆伟译注:《论语》,人民教育出版社,2015年,第138页。
37. 刘兆伟译注:《论语》,人民教育出版社,2015年,第321—322页。

一线来风

试论书法课堂中的"技、艺、道"

文 / 陈丫欢　长沙市芙蓉区教育科研中心

书法是一门综合性很强的学科，至少是文字学、艺术学、文学、哲学等多门学科的综合。2022年4月，国家新的《义务教育课程方案》提出，"书法在三至六年级语文中每周安排1课时"，其出发点应该是强调书法教学不能与文化脱节，语文教师要能兼教书法，让学生亲近汉字，热爱中国文字，让书法课堂成为中华传统文化的载体。

基于书法自身的课程性质、学科特点，中小学的书法课堂应该是"技、艺、道"三个方面的综合。"技"是指向书写技能，"艺"是指向艺术审美，"道"是指向传统文化。书法课堂要在技能学习的基础上，让学生学会感受中华传统审美，理解汉字与古代文学的文化内涵，领悟先贤的经典哲学思想。简而言之，三个方面内容也对应了《中小学书法教育指导纲要》中提到的书法教育的基本理念是技能、审美、文化。所以，一节书法课，应该是"技、艺、道"三者的融合。

一、技：书写技能与表现，让课堂练习成为有招式的笔墨锤炼

书法课首先要让学生学习和掌握用毛笔书写汉字的技法，所以书法技能的掌握是重点。毛笔因其自身特性，蘸墨后可以在宣纸上进行丰富变化，东汉蔡邕《九势》中说"惟笔软则奇怪生焉"，阐明了毛笔可以在宣纸上用不同的角度、力度、速度运行，可以产生出无穷无尽的新变化。

如何实现学生对书写技能的掌握呢？建议有三。一是加强对笔画形态的理解，东晋书法家卫夫人《笔阵图》云："横如千里阵云，……点如高峰坠石。"《宣和书谱·草书》曰："自谓吾书不大不小，得其中道，若飞鸟出林，惊蛇入草。"这是古人对书法学习的基本理解，也隐含了"书者，如也"的要义，即写字就是要模仿、遵循客观事物。"如"就是象，也就是象形的象。清代刘熙载曾说书法学习要"与天为徒，与古为徒"，意思是学书要向自然学习，向古人学习。教师在课堂中从抽象的笔画线条引导联想到自然事物，让课堂变得有趣，可以加深学生的理解与记忆。如学习"点"一课时，教师提问："你们觉得'点'像什么？"学生回答："像雨滴，像瓜子，像小老鼠……"答案五花八门，点的形态得以深入学生心灵。

二是把静态的汉字变成动态的书写，让汉字"活"起来。书法的运笔动作是难点，要实现难点突破。教师可以进行直观演示，也可以播放运笔的微视频，还可以让学生自主探究，从形态出发，寻找运笔方法。将毛笔在纸上的动作进行放大、缓慢示范，一笔一画、一提一按、一招一式的动作都有清晰的画面和节奏，学生不断模仿练习，从书写实践中感悟笔法。

三是教师要依托教材，一节课学习一到两个技法点，让学生理解后反复练习以掌握。教师不宜过

度增加内容和难度，虽然想给予学生更多，但如果技法学习浮于表面，就很难达到学习效果。如在学习"点"这一课时，核心知识点就是要掌握好"点"的书写方法以及带点范字的书写。范字书写要侧重"点"的书写动作和位置，这就是这节课的知识技能目标。围绕目标开展教学指导，不宜发散过多。有条件的课堂，比如说在有专业教室、专业教师的情况下，教师可开展书写技法探讨、示范、反馈等活动，以达到学生对书写技能牢固掌握的目的。

二、艺：审美形式与内容，让书写冲动成为有韵致的艺术表达

书法是汉字的艺术表达，艺术之美在于意境，有韵、有致，意境生动，起承转合，气脉相连。在课堂中，除了设置欣赏环节以外，书法之美还可以化整为零，融入每一个教学环节之中。如在"竖"这一课的"观察分析"环节，观察竖的形态有"悬针""垂露"之别，教师可引导学生感受针尖的力量感和鲜绿叶片尖上垂露欲滴的灵动感，这就是形态美的表达。在"作业评价"环节，教师在评价学生作业时，引导学生用胖与瘦、刚与柔、天真与奔放等词语来形容书法作品，使其书写时自然融入对书法艺术的领悟，并且让书写具有抒发情感的可能。

一幅好的作品一定是美文与美字的结合，即形式与内容的结合。如王羲之的《兰亭序》既是一幅书法佳作，也是一篇千古美文。试想一下，如果用《兰亭序》的技法写出一幅字与字之间文意毫不相干的作品，会是什么效果？应该说很难称其为一幅作品。学习了一段时间后，教师要指导学生及时开展集字练习等，尝试进行有内容、有意味的表达。

汉字、成语、楹联、古诗文……都是书法练习的载体，书法课堂除了教书写，也要悟内容，在实现情感满足的基础上，进行书写实践，让技术成为表达的手段，学以致用，以达到审美内容与形式的统一。

课堂中如果已经营造了足够的审美情境和文学情感氛围，学生有了饱满的情绪，就有了表达的冲动。书法表达要适合学生年龄特点，在中小学阶段，书写实践时间要充分。有了一定实践练习的基础后，课堂适合开展一些书写实践运用活动，如写福字、写春联、写书签、写灯谜、写树叶、写文化衫、写招牌、写手机外壳……让技能学有所用，让书法艺术点缀生活，让生活变得更有文化。课堂之外，还可以组织丰富多彩的书法展览，教师要搭建平台，可以是教室书法展、校园书法展、线上空间书法展等。总之，要让书写成为表达一定内容的作品呈现，让学生在内容中酝酿情感，恣情恣意尽情表达。

三、道：书理解读与探究，让抽象汉字成为有温度的生命形象

书理是指汉字及书写的道理和演变规律，包括了汉字形与意的关系等。汉字是世界上现存唯一的表意文字，每一个汉字都有其含义，而不是像英语一样是表音文字。课堂中的范字，教师要尽量将其字理学习纳入课堂环节中。如学习"春"字，甲骨文字形写成**（林，林野）加 □（日，太阳）加（屯，像一颗种子，上部冒芽，下部生根），表示经过了万木凋零的冬季，阳光回归，大地升温，地里的种子苏醒破壳，扎根生长，广阔林野，遍布

新绿。教师出示甲骨文字形图，组织学生探究古人是如何造出"春"字的。再如学习"明"字，从它的字形演变中可以发现，最开始古人造字是左"月"、右"日"（甲骨文），天空中没有比太阳和月亮更明亮的了。到了金文发生了变化，把"日"字改成了"窗户"形状，表示夜晚月光照进窗户很明亮，表达了一种新的含义。在几千年的历史长河中，汉字并不是一成不变的，而是承载了每个时代的审美和文化在不断变化着。

书法课堂中，要让学生理解、探索汉字及书写的规律、演变的过程，这就是一个文化的传承。通过一个字，甚至可以挖出几千年来历史的演变，可以梳理出一条审美文化发展的脉络。不同的时代，书体构形不同，如汉代隶书线条的苍劲、字形的横向舒展与雄强宽博的时代审美风尚相契合。对一个汉字内涵的理解，可以瞬间唤起学生对它的审美情感，一个个汉字生命形象的建立，让课堂成为联结中华传统文化的纽带。

弘扬汉字的文化，让学生产生对汉字的特殊情感；反复的书写练习，使学生逐渐对汉字产生亲近感；当技法娴熟、书写畅快之时，则是达到了与汉字的融合。当然，书法课堂的"技、艺、道"三个梯度，需要日积月累，当学生奠定了前两个梯度的基础以后，第三个阶段甚至可以持续多年，成为一生心灵的慰藉。

诚然，书法课堂首先要突破的是书写技法难点，但也不能过度强调书写技法，强调过度则使得学生"仰而贯针，不暇见天"。技能学习重在技法解析与笔墨锤炼，不可能一蹴而就，而审美培养则贵在调动艺术情感后的理解与表达，文化融入则是对传统文化潜移默化的吸收。"技、艺、道"在书法课中全面结合，使学生爱汉字、善书写、懂文化、能表达，这是书法课堂的学习目标。在目标导向下，教师只有深刻理解书法学科性质，立足核心素养，理解课程结构，以课堂为载体，践行以学生为中心的书法教学理念，使教学设计从"教案"向"学案"转变，才能构建起融"技、艺、道"于一体的学习型书法生态课堂。

参考文献：

[1] 上海书画出版社，华东师范大学古籍整理研究室.历代书法论文选[M].上海：上海书画出版社,2014.

[2] 黄天树.说文解字通论[M].北京：北京大学出版社,2014.

[3] 孙学峰.汉字形态论[M].北京：中华书局,2020.

[4] 余文森，龙安邦.论义务教育新课程标准的教育学意义[J].课程·教材·教法,2022:42(06):4—13.

以点带面，共建共享
——谈电子书法室在教学中的运用

文 / 陈亚昕 深圳外国语学校宝安学校

摘要： 在课程改革背景下，"互联网 + 教育"成为教师关注的重要课题。电子书法室将现代科技与传统的书法教学相结合，深度融合了大数据、人工智能、互联网、云计算，大大提升了书法课堂质量，培养学生良好的书写习惯，提高学生书写能力，极大促进了书法教育教学的普及与发展。

关键词： 现代科技 + 传统书法；助力教学；提升技能

书法是中华文化的载体，是中小学艺术教育的重要组成部分。教育部 2013 年印发的《中小学书法教育指导纲要》提倡多元化的教学方法，鼓励学校、教师、学生通过信息技术获取丰富的书法教育资源，书法教学可运用多媒体作为辅助工具，构建开放的网络书法教学平台，激发学生的学习兴趣，提高书法教学效率。可见国家重视书法教育的信息化建设，着力搭建书法教学的信息化实践平台，积极促进教学模式的创新。为了紧跟书法教育的信息化建设步伐，笔者所在的学校着力打造书法创新课堂教学的新模式，电子书法室应运而生。

一、资源丰富，提高效率

艺术和技术密不可分。书法进入了"互联网 +"时代，信息技术能最大限度地挖掘现有资源。为了更好地推进书法教育，我校建设了电子书法室，并引进了一整套书法教育资源库。通过书法教学课件、著名书家碑帖、书法文化知识，构建了学生和教师课堂交互平台，提高了书法课堂效率。

以颜真卿《多宝塔碑》为例，课程以笔画展开，主要通过电子书法资源库中的亲近书法、走进书法、书写技法、学习评价、集字天地、书法空间几个部分展开教学。"亲近书法"环节以问题或字体源流导入，引导学生思考。"走进书法"部分通过老师书写示范双镜头（正面、侧面）录制，可以使学生清晰地看到运笔过程，学生自主学习更加便利。相比于传统的书法教学示范，电子书法室使学生的学习效率大大提高。

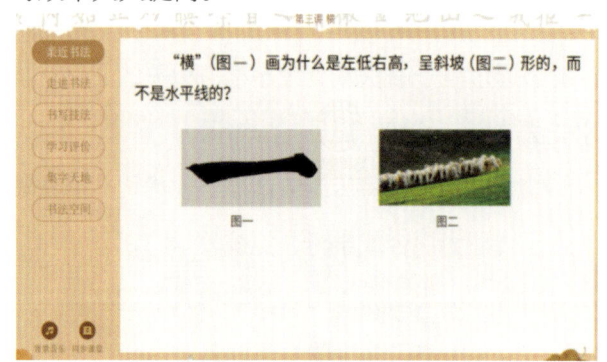

亲近书法

"书写技法"环节旨在学习与笔画相关的字，包括拼字游戏、临摹书写等功能，其中拼字游戏可以将分散的笔画重新自主组装拼字，使学生对字形结构更加熟悉，课堂也更加有趣。"集字天地"环节利用了数据库检索技术，丰富的字库资源方便学生检索，学生能够当堂创作一幅完整的作品，并且教师端可以向学生端发起练习推送，在智慧书法桌

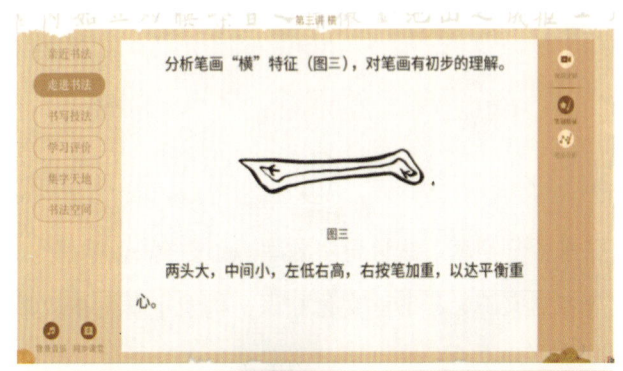

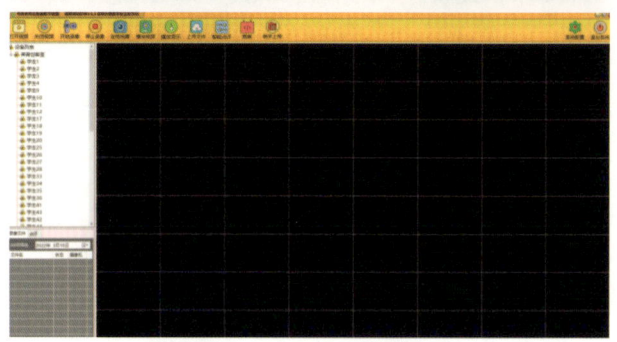

走进书法

同步直播，双向反馈

上自动生成推送的电子字帖，在屏幕上实现摹写，于起笔、运笔、收笔过程中，培养精微的书写习惯，也为创作打下坚实的基础。学生在练习完书法之后，也能够通过电子书法室资源库学习相关的文化常识和书法故事，更好地拓展书法知识。

信息技术手段将传统教育推向现代化。书法教学逐渐转型为混合式学习，传统教学与新型学习模式相融合，极大助力于书法教学模式的创新，电子书法室大大提高了学生的学习效率。

二、同步直播，双向反馈

在传统的书法教室，学生很难细致观察到教师在书写示范时的细节及运笔过程，老师也很难兼顾到学生全部的书写过程并给予指导。利用电子书法室的直播平台，可以很好地解决这一难题：每个学生端都配备有专门的摄像头，教师端通过同步直播可以观看并指导每一位学生的书写过程，同时，通过高清摄像头的实时拍摄，教师的书写过程也能同步投影到一体机屏幕，方便学生清晰地观察教师运笔时的轨迹以及书写过程中的力度、速度变化。

书法教学的评价环节也主要通过该系统展开。此系统还含有录播功能，学生端镜头可以实现同步录播，学生在书写时的动作及运笔过程可以在教师端实现录制或拍照截图，通过观看录制视频或书写照片，教师能及时检查学生的书写情况，与学生实时互动并给予书写评价。同时，在系统中也可以实现学生之间互相观看，一起分享书写过程，进行自评、互评。此外，教师在课堂上示范的书写过程也可以实现录播，录制好的教学视频可以共享，便于学生查找观看，更好地消化吸收当堂课的内容。

书法直播与录播的教学模式，提高了师生的互动性及教学效率，实现了自评、互评、师评相结合。同时，教师也能够将录制视频和书写照片保存好，为每一个学生建立专门的书写成长档案。

三、寓教于乐，提高兴趣

通过使用电子书法室，把游戏化教学运用到书法教学之中，寓教于乐，丰富了课堂教学环节。"拼字游戏""小组PK"等环节成为书法课程中游戏化教学的新尝试。学生以组为单位进行拼字游戏。首先，学生移动笔画，在米字格中拼出本组的作品，之后会呈现原字的占格及其笔画位置，学生对拼的字和原字做对比，能够深刻地记住笔画的位置关系、间架结构，以及字的占格要领。此环节利用游戏化教学更好地激发了学生学习书法的积极性。

拼字游戏过程中，为了使学生有时间观念，把握课堂节奏，每组派出的代表只能用15秒的时间拼字，超过15秒就由下一组的同学继续完成，通过拖动笔画完成拼字之后，点击"★评价"，能够及时得出拼字评价结果，突出了游戏化教学的竞争性和趣味性。以游戏化的形式进行书法学习，课堂气氛更加活跃，学生的学习积极性大大提高。

拼字游戏

四、空间拓展，自主能动

在教师讲授完课程后，学生可以利用电子书法室配备的学生端电子书法屏幕进行自主学习，拓展书法知识。自主性学习即学生成为学习的主体，每位学生的潜力都能被充分挖掘。学生端电子书法屏幕主要分为"碑帖欣赏""集字创作""历代篆刻""诗词赏析""书法空间"几大重点功能。

学生可以通过"碑帖欣赏"部分自由搜索碑帖，畅游碑林，欣赏一幅幅经典的书法名家碑帖，在学生端的电子屏幕上可以对超清碑帖随意放大缩小，方便观看细节，更好地实现摹写，掌握字形结构。

在"集字创作"板块学生可以搜索自己想要创作的内容，选取相对应的名家书体进行创作练习，使字字有来源，为书法创作打下坚实的基础。另外，书法资源库还设有历代篆刻欣赏，收录了海量历代名家篆刻供学生赏析研究，可根据作者、年代、书法进行分类检索。"诗词赏析"板块收录了海量诗词作品，涵盖唐、宋、元、明、清、现代、海外诗词原文及赏析等大量诗词内容，满足学生诗词课堂学习需求，让书法课堂与传统文化相融合，学生不只是学习笔法与书写这些书法内容，而是使书法学习与文化审美联系起来。

"书法空间"部分储存了海量书法知识，囊括了基础知识、进阶知识、书写知识、文字知识、碑帖介绍、百家经典等知识板块，详尽地介绍了书法的字体演变、名人名家等，丰富了学生的书法理论知识，提升了鉴赏能力，使学生体会到更深的书法内涵，提高书法境界。

碑帖欣赏

集字创作

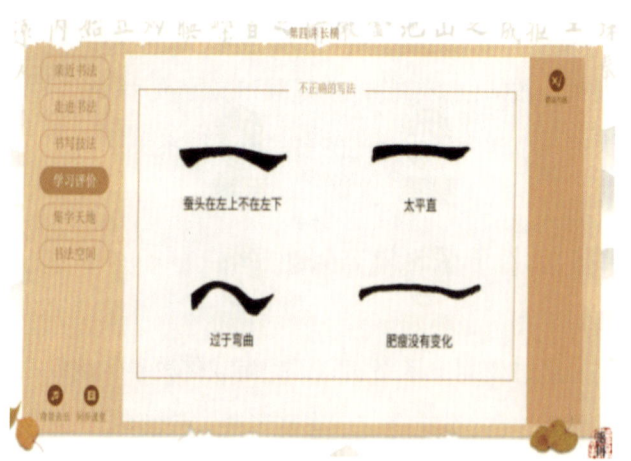

学习评价

学生端电子书法屏满足了学生个性化的学习需求，做到因材施教，培养了学生自主学习的能力。

五、科技助力，优化教学

电子书法室的使用使书法学习更加便捷，"互联网+"提高了书法教育的成效，对提高教学质量起到了积极作用。教师可以根据书法教学需要自由切换电子书法室的资源系统。

下面以湖南美术出版社《书法练习指导（实验）·八年级上册》的《横、竖》一课为例，简要说明其在教学中的应用。

首先从故事导入了解一个或一组汉字的前世今生。在课程开始阶段借助教学系统的"书法空间"环节，为学生讲解书法故事作为导入，调动学生学习的积极性。通过书法资源库中"亲近书法"环节

引导学生欣赏不同时期的书法字体演变（甲骨文、金文、篆书、隶书、楷书等），感受书法的悠久历史，增加相关的文字学知识，提高文化涵养。

其次通过视频示范观察细节。学生从"走进书法"环节观察、了解横和竖的基本写法，观看名家的书写视频（正面、侧面），做书空练习。学生看完后，教师引导学生在"学习评价"一栏中为几个有问题的横和竖纠错，防止学生书写时出现同样的问题。

接下来让学生临摹书写。在教完笔画后，过渡到字的写法。教师将字帖练习推送至学生端，每一位学生先摹写再临写，以便更好地掌握笔画。同时，教师从数据库中挑选四字吉语讲解并练习，培养学生的创作意识及人文情怀。

最后运用平台双向反馈。教师利用直播系统在摄像头下示范书写，大屏幕同步呈现，学生跟随教师的一笔一画来练习。通过教师端的集字推送，每位学生在电子屏幕上实现摹写，为完成作品临写打下坚实基础，让教学变得灵活、动态，有效地提升教学质量。教师在学生书写过程中也可以看到每一

位学生的书写展台，及时进行检查和指导。

六、实践建议，未来可期

在"互联网+"背景下，书法教育与信息技术深度融合，电子书法室以丰富多样的形式激发了学生学习书法的积极性，为书法教学提供了更多帮助和技术支持，有效地改善了传统书法教学方式，使书法课堂更加鲜活、有趣，推动了书法教育的发展，使学生学习书法的积极性大大提高。

当然，电子书法室在教学中仍存在亟待完善之处，比如书法资源库中可添加一些简单的文字学知识，使学生了解汉字文化，感受到汉字的神奇和有趣；同时，可添加碑帖的来源，线上观看碑的原貌，使学生仿佛置身于碑林之中；最后，建议电子书法室在无网络的情况下也可以开展部分学习，以防止网速缓慢或网络中断等突发情况出现，使学习中断。

总的来说，电子书法室的使用有助于书法教育的开展，使书法课堂更加有序、有趣、有效。让我们共同致力于"互联网+书法教育"的研究，进一步推广书法学科的普及与应用！

参考文献：

[1] 苗渲明，张鹏."农为本，和达道"理念下的数字书法教育实践——中国农业大学附属小学数字书法教室建设纪实[J].中国现代教育装备,2020（08）：9—11.

[2] 河北一小学建国内最大数字书法教室:224名学生可同时上课[J].云南教育：视界（时政版）,2017（09）：5.

[3] 甘宪荣，王国俊，常全胜等.数字书法教室在小学书法教学中的运用[J].中国现代教育装备,2020（22）：19—22.

关于小学书法教育中教学评价标准的思考

文／李兆儒　天津外国语大学附属滨海外国语学校

摘要： 2013年，教育部发布了《中小学书法教育指导纲要》。自此，书法课程开始逐步走进全国中小学的课堂。然而在过去的近十年，书法教育在中小学阶段的发展并不理想，课程标准的缺失导致教师无法确立统一的教学评价标准，其中书法与语文学科的微妙关系和时下以"法度"为标准的主流评价方式，是当代书法教师应该思考的问题。

关键词： 书法教育；教学评价；学科关联；笔顺；法度

随着国家对传统文化的重视，书法教育逐渐出现在了各阶段的教学体系中。尤其是教育部在2013年1月发布的《中小学书法教育指导纲要》（以下简称《纲要》）中明确指出，"小学3—6年级每周安排1课时用于毛笔字学习"[1]，这对书法这门古老艺术的传承无疑会起到积极的促进作用。在书法课程的教学体系中，教学评价是重要的组成部分，教师需要以一定的标准和原则开展教学评价活动。但自《纲要》颁布至今，书法教学的课程标准仍有待完善，这就导致书法教学无法充分落实，难以形成完善的教学评价体系。教师在教学中如何完善评价方式并构建符合学情的评价体系，是一个值得思考的问题。

一、与语文学科的关系

书法在过去的定位往往是以日常书写为主要表现的"实用艺术"，这也是历代书法经典诞生的内在因素。直到后来硬笔的出现，毛笔逐渐退出历史舞台，加之白话文运动的推行及简化汉字的普及，使传统实用意义上的"书法"被硬笔日常书写所替代。现在对书法的定义更多地指向"造型艺术"，书法也成为一门注重对比、夸张等视觉效果的纯艺术门类，原有的实用功能几乎消失殆尽。现在小学阶段书法教育的开展，旨在让书法回归课堂的同时，也让书法回归符合当下教育环境的实用传统。但"实用传统"并非完全等于"写规范字"，倘若以此为唯一评价原则，那么为何还要费尽周折开设书法课？语文课就能解决这一问题。书法与文字、历史、哲学等相关领域的密切关系决定了书法学科具有较强的融合性与包容性。"世无孤立之学问"，小学阶段的书法课程亦然。虽不能以如此严苛的标准作为评价原则，但也不可将书法课程切割为独立的形式存在，使其脱离传统文化内涵，成为"练字课"。

语文学科是与书法关系最为密切的学科，如何与语文学科建立密切的良性关系是当今书法教育面临的问题。如果以《纲要》中提到的"语文课程中

1.中华人民共和国教育部：《教育部关于印发〈中小学书法教育指导纲要〉的通知》，教育部网站，教基二〔2013〕1号。

识字和写字教学为基本内容"[2]作为教学评价及课程开发原则，初看似无不可，但若要"适度融入书法审美和书法文化教育"[3]，则涌现出诸多的问题。中国的文字历史悠久，发展至今大体可分为两个系统，即以殷商甲骨文、两周金文和战国各系文字为主的古文字系统，以及在秦汉以后以隶书为起点逐渐发展成熟的今文字系统。之后又经历文辞和字形方面的几次大规模改革，才到了当代"简化汉字"的时代。在基础教育阶段以"语文课程中识字和写字教学为基本内容"[4]开展书法及书法文化的学习，其问题关键点在于，如何给予当代书法教育恰当的定位，否则教师对书法教学的探索将踽踽难行。

如书法教学中文字字形的问题。我校以人民美术出版社出版的《书法练习指导》为教材，该教材中的绝大多数例字取自欧阳询《九成宫醴泉铭》。欧阳询楷书看似规范方整、四平八稳，实则不然。在三年级上册第二十九页有"玉"字的例字示范（见图一），欧阳询在书写时把该字最下方的横画处理为提画，最后的点画则中和了变横为提所形成的过于"险峻"的字势，使其能寓险绝于平正，这也是欧阳询楷书的首要特征。但如果以当今规范字的标准看，这个字颇似一个偏旁部首，学生如果在日常书写中对"玉"字作出这般处理，毫无疑问将得到一个"错别字"的评判结果。此外，书写汉字的笔顺也是书法教学评价的标准之一，但《书法练习指导》中并未阐明笔顺问题。倘若以"汉字书写规则表"进行书写，则部分文字与碑帖中的书写顺序相

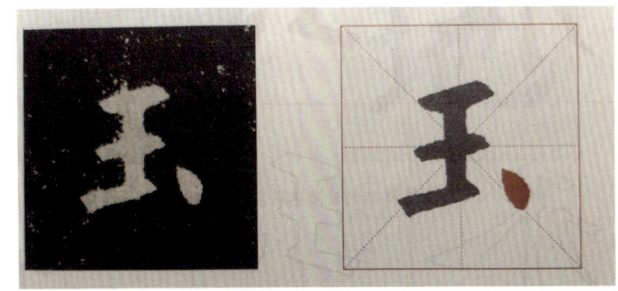
图一

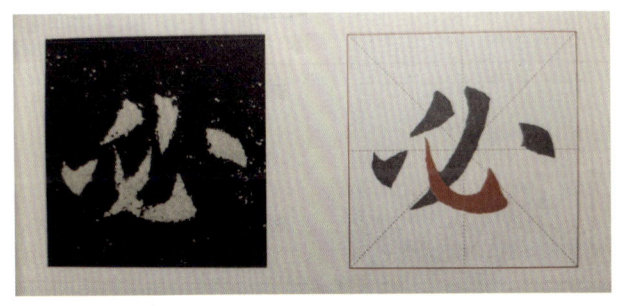
图二

矛盾。同样以三年级上册教材为例，在第四十七页有"必"字的描红字例（见图二），教材未给出明确的笔顺说明，按照例字笔画的形态及古时的书写习惯，该字的书写顺序为"撇""卧钩""上点""左点""右点"。但在教学中，这样的笔顺并不被学生所认可，"必"字在语文课中的笔顺规则是按照从左到右的顺序，这就导致教学评价无法进一步深入展开。以上现象使书法教学在一定程度上陷入了较为尴尬的境地，既然以临摹为途径，以规范语文新课标所规定的常用汉字的书写为目的，那么书法教材中的例字就需经过审慎的择选，避免学生在接触书法的初期与其知识体系形成冲突，使学生在启蒙阶段延续既有经验，同时争取最大限度地保留传统书法的文化意义，以便学生能够感受书法的魅力。

2020年11月30日，国务院办公厅发布的《关

---

2. 中华人民共和国教育部：《教育部关于印发〈中小学书法教育指导纲要〉的通知》，教育部网站，教基二〔2013〕1号。
3. 同上。
4. 同上。

于全面加强新时代语言文字工作的意见》中提出："传承弘扬以语言文字为载体的中华优秀文化，……规范汉字书写教育……推动以甲骨文为代表的中华优秀传统文化传承发展，发挥古文字在中华文明传承发展中的作用。"[5] 此后不久，教育部于2021年1月印发了《中华优秀传统文化进中小学课程教材指南》，其中指出："语文是落实中华优秀传统文化教育的核心课程，要全面体现中华优秀传统文化蕴含的核心思想理念……主要载体为汉字、书法、成语、古诗词……"[6] 同时又对不同学段提出了相应的要求，低学段从"启发学生初步认识汉字形义音关系"起步，至高学段"从文化的角度解释汉字"[7]。通过以上两个文件可以进一步明确书法和语文课程的联动教学目标，单以"写字""识字"为评价标准并不足以达到上述要求，应当参考学生对汉字认知的深度，即适当渗透汉字的起源、字形及书体的嬗变过程，这对学生深入理解中国文字及传统书法都是有一定帮助的。而目前小学阶段的语文识字教育并没有相关知识的渗透，这容易导致学生用死记硬背的方式记忆汉字，只识字形而不知其源，对汉字的理解仅停留在形与音的层面。清代文字学家王筠曾说："蒙养之时，识字为先，不必遽读书。先取象形、指事之纯体教之。"[8] 他提出学生在启蒙阶段，宜先以典型的"象形""指事"文字为学习内容。"象形"与"指事"源自古代文字的构造理论，东汉许慎在《说文解字序》中说道："《周礼》：八岁入小学，保氏教国子，先以六书。一曰指事……二曰象形……三曰形声……四曰会意……五曰转注……六曰假借。"[9] 在当今时代，教师的教学手段较以往丰富了许多，传统的口传心授的教法在教学中不再占据主导地位。处在基础教育阶段尤其是小学低年级的学生在接受外界信息时，很大程度上是依靠视觉的感知，而青少年时期的视觉记忆往往是十分重要的。许、王所提倡的这种学习模式能以较为直观的方式使学生的视觉记忆转换为抽象知识，并且能对文字的构造原理形成初步的认识。仅靠语文课或书法课并不足以达成这个目标，单就这个方面，书法课可以作为语文课的补充及拓展。以学生容易接受的某些有代表性意义的文字为对象，如以"象形"为造字法的"山""水""日""月"，以及以"指事"为造字法的"上""下"等字，学生在了解此类文字演变过程的同时，还能对书法的发展历史形成初步的认识。在保证日常书写规范的前提下，适当地接触并尝试书写与当今文字系统相距较远的文字，如甲骨文、金文，可以调动学生的学习兴趣，在想象力和创造力最强的阶段，感受与法度森严的楷书截然不同的书法艺术。

在国家下发文件中提到的传统文化的"核心思想理念"属于形而上的范畴，是国人长久以来积淀的文化心理结构及思想体系。熊秉明先生曾提出："书法是中国传统文化核心的核心。"所谓"核心的核心"，即指书法作为载体，使中华文明得以延

---

5. 国务院办公厅：《关于全面加强新时代语言文字工作的意见》，国办发〔2020〕30号。
6. 中华人民共和国教育部：《教育部关于印发〈革命传统进中小学课程教材指南〉〈中华优秀传统文化进中小学课程教材指南〉的通知》，教材〔2021〕1号。
7. 同上。
8. 王筠：《教童子法》，载王云五主编《丛书集成初编》，商务印书馆，1937年，第1页。
9. 许慎：《说文解字序》，载崔尔平选编点校《历代书法论文选续编》，上海书画出版社，1993年，第4页。

续数千年未断,以及传统书法中所蕴含的中国哲学思想。仅以目前基础教育阶段的书法学科所囊括的内容来说,规范学生日常书写已属不易,何谈让学生对于这"核心的核心"有较为深入的认识。所以,应该重新思考当代小学阶段书法学科的定位:是作为独立学科存在,还是作为语文学科的延伸资源?教师应有针对性地做出一些积极尝试,这对书法教育在基础教育阶段的发展是十分必要的。

二、"法度"评价原则的桎梏

随着政策的推进,社会对书法教育的重视程度越来越高,虽然存在着诸多问题,但书法能够出现在基础教育的课堂中,对传承书法艺术起到的作用是值得肯定的。然而在调查中发现,相对于绘画、音乐、舞蹈等艺术门类,小学阶段的学生对学习书法并没有较高的热情,甚至在校外培训所开设的课程中,书法课所占比例也远不如上述艺术门类,表明只有少数学生会选择学习书法,这也是当今书法教育所面临的另一典型问题。造成这种现象的原因是什么?同样作为艺术类课程,为何书法在国家大力推动、接连发布利好政策的情况下,还是无法调动学生深入学习的意愿?通过对学生的访谈,发现无论是学校、家长抑或是培训班,他们在学生学习书法过程中关注的焦点都是临帖是否准确,字是否美观漂亮,"章法"是否整齐有序。这就使学生所接收到的都是技法训练至上的理念,教育者忽略了对学生创造力的引导和学习兴趣的培养。

从现行的教材和教学模式来看,当前的书法教学以提高学生楷书的书写技法为主,临摹自然是无法跳过的环节。在学生临摹的范本中,唐代楷书占据主导地位。唐楷是楷书发展过程中总结式的体现,法度森严,笔者认为学生对书法学习的热度不高,与当代书法教育过于强调书写的"法度"有一定关系。从目前书法教育的评价模式来看,教师对学生书写的评价几乎完全取决于临摹的精准程度,越接近原帖面貌越好,教师和家长也都普遍认为这才是学习书法的正确方法。学生一旦写得与范本相去较远,就会被指正甚至指责,并以所谓"精准临摹"的标准要求学生。在学习书法的初期,这其实是一种误解。明清之际的大儒傅山回忆自己幼时的学书经历时这样说道:"吾八九岁即临元常,不似。少长,如《黄庭》、《曹娥》、《乐毅论》、《东方赞》、十三行《洛神》,下及《破邪论》,无所不临,而无一近似者。最后写《鲁公家庙》,略得其支离。又溯而临《争坐》,颇欲似之,又进而临《兰亭》,虽不得其神情,渐欲知此技之大概矣。"[10] 从傅山的话语中可以看出,他在最初学习书法时遍临诸帖,然而却在面貌上"无一近似"。随着学习时间的推进,傅山从广泛取法的过程中逐渐悟得书法的奥妙所在,虽然在外形上与临摹范本有出入,但重在表达个人性情,取其大意,化古为我,这才是临摹的真正价值。古代文人学习书法时注重"形"与"神"的转化,并未将"法度"与"规范"放在首要位置。关于这个问题,北宋书家蔡襄曾谈道:"学书之要,唯取神、气为佳,若模象体势,虽形似而无精神,

---

10. 傅山:《傅山全书》(第二册),山西人民出版社,2016年,第256页。

乃不知书者所为耳。"[11]清代书家梁巘也曾在《评书帖》中说道:"学书须步趋古人,勿依傍时人。学古人须得其神骨,勿徒貌似。"[12]意思是,领悟书法之妙不能单纯依靠对其外在形质的感知,"形"与"神"互为表里,学习书法的要旨,在于体会古人点画之间所蕴含的神采与气象,如果只追其形不得其神,则是舍本而逐末,无法窥得书法文化的内核。

追求字形的准确度,对于刚刚开始学习书法的学生来说确实是无可厚非的方式之一,但是一味以临摹的"准确度"作为评价标准,得到的效果就一定是好的吗?笔者曾做过一个对比试验,在试验中发现,让刚接触书法不久的低年级学生用毛笔书写自己的名字,他们大都敢于下笔,虽然与"规范"二字相去甚远,但是写出的线条爽利遒劲,稚拙可爱,更重要的是他们都表现出强烈的创作欲望,甚至可以看作是一种宣泄。这种创作效果和状态是很多接受过书法系统训练的人所无法企及的。然而让他们对照字帖进行临摹时,反而表现出思前想后、畏首畏尾的情况,把字帖端详良久,下笔却飘飘然似无根之木,生怕哪一笔写得和字帖不像,全然没有之前用笔的利落与大胆。同时,这种方式的书写让学生没过多久就坐立难安,失去耐心,对书写逐渐失去了兴趣。通过这个现象,窃以为当今书法教育的方法及方向值得重新思考。

小学生正处在创造力和想象力最为丰富的年龄阶段,虽然他们对传统书法的理解尚浅,但从美学的角度看他们的作品有一种天趣与稚拙。在学生对书法产生强烈的探索欲望时,过于强调以"法度"为准则的评价标准是对学生创造力的束缚,同时降低了学生学习书法的热情。这时的所谓"法度"则变成了约束学生的"桎梏",一定程度上也导致了当今书法教育的困境。元代书画家黄溍曾说:"古人临书,不求形似,而能得其遗意,今则愈工愈不近也。"[13]他所表达的意思明白晓畅。以"形似"为标准,短时间内或能见得成效,但仅追求"形似"的话,是一种得不偿失的做法。虽然当今书法已经逐渐不具备古时的实用功能,更多的是作为文化的一部分来延续和传承,但汉代扬雄曾提出的"书为心画"的观点则适用于任何时代。若没有"法度"的约束,小学阶段的学生在书写时完全是对自己内心世界的表达。如果以规范汉字书写为目的,那么硬笔书法教学完全具备此效用,软笔书法则可以"心无旁骛"地承担起人文渗透和艺术启蒙的功能。进一步说,既然硬笔书法可以达到规范学生日常书写的效果,那么软笔书法的范本选取范围以及教师评价标准是否可以不局限于"法度"这一维度呢?

明代思想家李贽有这样一段论述:"童子者,人之初也;童心者,心之初也。夫心之初,曷可失也?"[14]"童心"即是"初心",成年人尚欲不忘初心,教师理应在教学中支持、引导和维护学生的初心。"法度"只是后人对古人书写习惯所总结的经验,在书法教育中,可以将其作为"敲门砖",而不是"绊脚石"。过于单一的评价标准在提倡素质教育

---

11. 蔡襄:《论书》,载崔尔平选编点校《历代书法论文选续编》,上海书画出版社,1993年,第50页。
12. 梁巘:《评书帖》,载《历代书法论文选》,上海书画出版社,2014年,第579页。
13. 黄溍:《浙江文丛黄溍集》(第二册),浙江古籍出版社,2013年,第377页。
14. 李贽:《焚书·续焚书》,岳麓书社,1990年,第97页。

的时代并不适用。

　　从2013年《纲要》颁布至今，已有十年时间。中小学阶段的书法教育尚存在诸多问题，师资、硬软件等都是书法教育发展进程中的难题。在课程标准还未制定的情况下，教师应结合学情，探索有利于普及书法教育的评价模式及教学方法，而不仅仅是停留在形式的层面，从而让中小学生真正感受到书法的深厚文化内涵。

掌握字形用"直线"
——浅谈少儿书法教育中有关结构的教学方法

文 / 潘友红　芜湖市少年宫

摘要： 汉字是中华民族集体智慧的结晶，是"仰观天象，俯察万物"的生活发现，是"近取诸身，远取诸物"的生活创造。在书法基础教育中，不少汉字，特别是结构复杂的汉字，对于小学低年级学生来说，确实是很难精准地掌握其书写结构，如何使他们化繁为简地迅速掌握字形结构，作为一名书法教师，我时常思考。本文试图阐述如何改变一些老套的教学模式，让学生更快更好地掌握写好书法的方法。现将笔者多年总结的"直线观察法""归类联想法"教学经验陈述如下，期盼与诸位方家和老师们共同探讨。

关键词： 少儿书法教育；字形掌握；用"直线"

2013年《中小学书法教育指导纲要》颁布，至今已有10年的时间，书法艺术教育逐步得到社会广泛的关注。在《中小学书法教育指导纲要》精神指引下，培养学生规范、端正、整洁地书写汉字是有效进行书面交流的基本保证，也是学生学习语文和其他课程的基础。热爱汉字，养成良好的书写习惯，具备熟练的书写技能，并有初步的书法欣赏能力是现代中国公民应有的基本素养，也是基础教学课程中的重要目标。在现实书法教学中，小学低年级学生字写得"难看"的根本原因，就是字形结构掌握不准，笔画之间比例关系严重失调。通常的书法教学步骤都是从笔画开始，再到结构。在教学环节上，大多采取"讲—练—评"的教学模式，也就是老师按选定的教材讲授内容，学生按要求自己练习，然后采取老师评、家长评、学生互评等方式开展评价。然而对于低年级初学书法且识字不多的学生来说，其接受能力十分有限，难以理解老师所灌输的那些枯燥的理论知识；同时对于有些"书法口诀"——所谓儿歌式的教学方法，学生也是靠死记硬背，酷似"小和尚念经"，不知其所以然；面对枯燥又有难度的"黑线条"，他们则心生倦怠。

如何引导初学书法的小学低年级学生快速掌握字形结构，写出"规范、端正"的汉字？笔者认为应激发学生学习书法的兴趣，改变枯燥的训练模式。笔者通过多年的教学实践得出：在课堂上，要让学生们做"主角"。首先，让他们了解祖国的传统文化，"仓颉之初作书，盖依类象形"（《说文解字》），将中国的古文字，诸如象形、指事、假借等所具有的视觉图像与楷书教学密切联系，通过了解汉字的演变，唤起他们对汉字的好奇心。同时在实际教学过程中，采取"直线观察法"，培养他们自己动手进行分析的习惯；用"归类联想法"，培养他们自己找出相同偏旁以及相同的字形并进行整理归纳的思考方法。

（一）

赵孟頫说"书法以用笔为上，而结体亦须用功"，启功先生则有"用笔何如结字难"的论断，都明确提出了书法结构的重要性。什么是结构？结构又称结字、字形、间架结构，是指书写出来字的点画组合符合一定的法度要求。结构所包含的内容十分广泛，诸如大小、长短、方圆、欹正、开合、呼应、参差、错落、轻重、疏密、迎让、穿插、连断、向背、收放、纵横、高低、虚实等，这些都属结构的范畴。结构即是一个汉字的形体架构，就好像人的骨架，故笔画和字形结构共同塑造出字的外形，形成一定的审美形式。如果仅从字形审美的角度看，字形结构的准确似乎更加重要。我们纵观历代名家名派独具风格的书法，其很关键的一个部分就是字形结构的独特性。

"在'书法'发展过程中占有最为重要价值地位的对于'人'的培养方式方法，也就是'书法技法教育教学'问题，却没有被提到其应有的重视地位，除了表现在古代书法技法教育中教育目标设置的泛化，教学过程的不系统性等外，最主要是教学模式的简单化。"[1] "艺术当随时代"的教学模式就是根据少年儿童的心理特点，研究教育方法和学习途径的多样性，在教学中以最通俗易懂的方式方法讲出学习书法艺术最便捷的路径。笔者始终认为少儿书法教学，应注重方法的可行性。因此，在教学实践中，调动学生积极参与到整个教学过程中，发挥其主观能动性，使其对所练习的范字中每个点画的方向、角度、长短，以及点画与点画间的距离，各点画之间的疏密关系有一定的理解，利用"眼、手、脑"自发寻找字形结体特征，从而理解一个字好看的原因就在于构成这个字的各个点画所处的位置、角度、距离等都能恰到好处，明白"写准"就好看的基本道理。

"每个汉字都是一组线结构，组成这组线结构的各个线段（笔画）的空间关系，是字结构中一种重要的关系。"[2] 汉字的笔画繁简不一，组合形态各异，间架结构也错综复杂、千姿百态，要写好每一个不同形态的字的"结构"，对于小学低年级学生来说实在不是一件容易的事情。

汉字的书写，在精确用笔的基础上，如何安排好间架结构，使其组合自然、搭配妥当，确是一大难题，也是历代书家所重视和研究的问题。前人论述楷书结构的方法很多，如：唐欧阳询的《楷书结体三十六法》、明李淳的《大字结构八十四法》、清黄自元的《间架结构九十二法》等等，皆从笔画的形态或诸类偏旁、部首等论及楷书的结构。虽都有可取之处，但都存在分类太繁琐、条文规定太多、话说得又太死、缺乏辩证等问题，小学低年级学生难以接受消化。汉字造型虽千姿百态，但它既有规律性，也有特殊性。如何让少儿掌握楷书的规律性和特殊性，写出规范、整齐、端庄、美观的字，还应在实践中进一步探索。

学书习字往往会借助界格来把握汉字间架结构。比如大家所熟悉的"九宫格"，相传是由唐代书法家欧阳询发明的，随后元代书法家陈绎曾发展成"大九宫格"，清代书法家蒋骥创造了"变九宫格"。此外，今天普遍采用的还有"米字格""田

---

1. 庆旭：《走向纯艺术——庆旭书法教育教学论文集（1998—2005）》，陕西人民美术出版社，2006年，第90页。
2. 邱振中：《书法》，生活·读书·新知三联书店，2021年，第82页。

字格""回米格"等等（图一），都是古往今来许多专家学者不断探索创新的成果。虽然习字格是初学书法不可或缺的辅助工具，对提高临摹法帖的精准度起到了积极的作用，但在实际操作中仍然有缺憾，比如低年级学生难以准确把握笔画位置、笔画长短等关系。

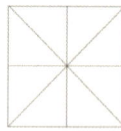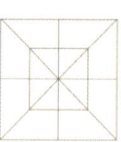

图一

从客观上来说，只有明了笔画的位置、长短、斜正等关系，才能准确掌握字形结构，有效地进行书法结构训练。笔者认为学书最重要最有效的方法是引导学书者的主观意识的介入。笔者根据多年的教学实践，总结出"直线观察法"和"归类联想法"，这两种方法可以有效地解决低年级学生不能掌握字形结构、准确书写的问题。

（二）

书法教学，特别是对少儿的书法教学，单纯用讲的方式肯定是不够的。即便讲也要简明扼要，应多做具体指导。书法因为有形，所以学习书法必须用"看"的方法，其直观性很强。读（看）帖主要就是观察范字的用笔，看清笔画的起止长短、偃仰向背、正直敧斜等等。

"直线观察法"采取的就是在字形结构中利用"垂直线、水平线、斜线"，让学生用小直尺和铅笔，在范字上用直线区分出各个笔画之间的长短、间距、斜度等关系，使学生直接主动地对字形进行观察与分析，从而增强其对字形的记忆。大致的教学过程是：一看、二画、三比、四写。临帖前必须认真观察"读（看）"范字；"画"和"比"即是通过观察分析画出笔画长短、斜度，比较出笔画的长短以及笔画之间的疏密关系等；"写"则是心里有了记忆，书法上叫作"意在笔先"，这样书写，一般字形结构更准确些。

心理学认为动手是一个认知的过程，动手可以促进孩子记忆力和思维能力的发展。人的记忆有形象记忆、逻辑记忆、动作记忆、情绪记忆等分类，在这几种记忆中最不易遗忘的是动作记忆。民间有"眼看十遍，不如手过一遍"的说法。通过动手画出一些准确的"直线"，找出笔画的长短，书写出较准的字形结构，得到老师、家长和同学们的肯定，学生也就有了成就感和自信心，而这种自信又会对他的书写起到积极的作用。

少儿书法教育讲授一些书写的基本方法是必要的，但需简明扼要，清楚易懂，不可搞得过于繁杂，应根据少儿自身特点，量力而行。如果盲目地教读帖是不现实的，靠老师讲解字形结构，其能接受的知识也是有限的。然而读帖又是临帖的首要条件，往往少儿初学书法时，字写得"难看"，基本都是不了解字形结构匆忙下笔造成的。教学中采用"米字格"分析结构虽然更为直观，但有些字仅用"米字格"来分析还不够充分。例如"天"字（图二），如果利用教材上的"米字格"，再辅以

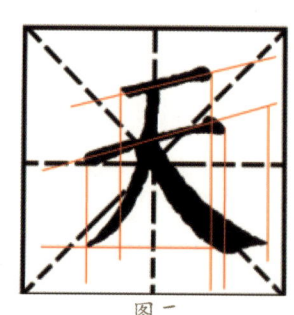

图二

画"直线"的方法，则可清晰看出两个横画起收的长短是多少，两横画之间的距离，长横与撇、捺的关系，撇上捺下清晰明了，再授以字形结构呈"左收右放"之态，少儿均能较好地理解和记忆。

汉字中有的部分笔画多些，有的部分笔画少些，如何把点画安排得均衡匀称、疏密得当？通过画"直线"的方法分解字形结构以及笔画的长短与疏密，则很容易了解字的结构关系。例如"扬（扬）、邬"二字（图三），画了"直线"后左右关系一目了然。"扬（扬）"字左边"提手旁"占位细长（窄）些，右部笔画多，则占位宽阔些、笔画紧凑些。"邬"字左部短些宽些、右部长些窄些，左右参差错落，整个字因笔画少而整体呈现宽松状态。通过"直线"的解构，两个字的字形十分清楚，其横、竖、撇等笔画的高低和长短一目了然。有了这样的视觉体验，再授以"疏可走马，密不透风"的结字规律，低年级的小学生也容易牢记。

一个字结构书写的好与坏，要看其比例的搭配是否合宜，笔画的布置是否匀称和恰当，尤其笔画占位是多少。例如"春、泉"二字（图四），通过一条横向"直线"，画出了上下的长短关系，通过两条竖向"直线"，画出了左右的宽窄关系。这样，学生书写时会更清楚地记得"春"字下面"日"字

图四

窄且小，"泉"字上面"白"字扁小些，"春"字上部占位和"泉"字下部占位相对宽阔。再辅以"春"字撇、捺画的向下伸展，讲授上下两部穿插的构字知识。所谓字形的穿插迎让，是指字形结构中，有的笔画伸展，有的笔画紧缩，但上下左右协调且融为一体，使整个字形显得美观大方。

对于上中下纵向结构（指间架结构）的字，通过几条"直线"，也可以清楚各部之间的比例关系和宽窄关系。当然要因字而异，视字形上中下繁杂程度，有些可以多画几条"直线"（图五），主要是通过动手画"直线"，使学生能自己找出笔画的长短、字形的比例以及宽窄等最直观的结构关系，这比单纯地讲授理论效果要好。例如"宫"字，"直线"一画，学生就能够看清整个字形上中下的比例关系，清楚上下宽大、中间的"口"字窄小。这时，老师再授以前人总结的"上下宽而扁，中部窄勿长"的中宫收敛的结字规律，学生将记忆深刻。再如"等"

图三　　　　　　　　　　　　　　图五

字，竖"直线"一画，学生明显认识到上中下三部的比例关系，中间长横的宽阔，上下收拢、字形收放有致的造型美。因"等"字横画多，可以进一步比较各横画的长短以及间距，再辅以"横重叠的字，应如鱼鳞或鸟羽般排列整齐、长短变化以示灵动"的结字规律。"宫、等"二字在书写时，如果不注意上中下的收放关系，即使上中下比例准确，其结构也会因无收无放而显得臃肿、呆板无神。

对于包围结构的字，学生最容易写得粗大满格，显得臃肿、窒闷。包围结构的字，其字形大小的一般规律是：凡先写外框的字，其外框的高低宽窄即决定了字形大小，而框里的结构大小则是根据框内的空间大小来安排的。在"同、圖（图）"二字（图六）外框画上四条"直线"，二字明显呈现出"竖长方形"，说明了二字在"米字格"中左右和上下的空间关系。有了这样的认识后，在二字中又画一"直线"，可以清楚字内笔画的结构关系，半包围结构的"同"字内部笔画上靠，下边留空，显得上紧下松；全包围结构的"圖（图）"字内部笔画分布均匀，但以长横为界观察上下关系的话，上"口"字小且占位少，下"回"字大且宽阔。有了以上分析和记忆，书写时就不会没有收放，结构也就基本准确了。

图六

（三）

除了由一些笔画直接组成的独体字外，其余汉字都是由两个或两个以上的偏旁部首或结构单元组合而成的合体字。合体字的结构形式主要可归纳为左右结构、左中右结构、上下结构、上中下结构、半包围结构和全包围结构等六种形式。综观汉字结构，可概括为均齐式、平衡式、对称式三种形式。均齐式是中轴线上下或左右配置等量对称的构成形式，如"王、田"等；平衡式没有中轴线，是等量不等形的，它是依靠中心支点来保持平衡所构成的形式，如"同、图"等；对称式则是均齐的类似形，它没有中轴和中心支点，它可以整齐，也可以有变化，犹如左面一龙、右面一凤相对称的构成形式，如"北、门"等。汉字结构无论是大、小、高、矮、宽、窄、欹、正，无论是独体字还是合体字，基本上均是用这三种形式组合而成的。我们大致了解这三种构成形式，对日后的楷书结构练习具有指导作用。

通过"直线观察法"对字形进行观察分析后，学生可以悉知字形结构中笔画的长短、高低、疏密、穿插的一些规则。但如何做到举一反三、融会贯通，掌握字形结构的普遍规律，从而可以随心所欲地写出"好看"的字形？笔者通常采用"归类联想法"，引导学生进一步训练动手和用心的能力，比如让学生在范本中找出相同的字或相同偏旁的字加以比较并练习（图七、图八）。通过系列"寻找"的训练，学生可以清晰地认识到相同的字或相同偏旁的字的不同写法，以及字形结构不同的搭配方式，从而掌握更多字形的结构变化。按照上述方法进行一段时间训练后，教师再将范字按"汉字结构表"一一列出，

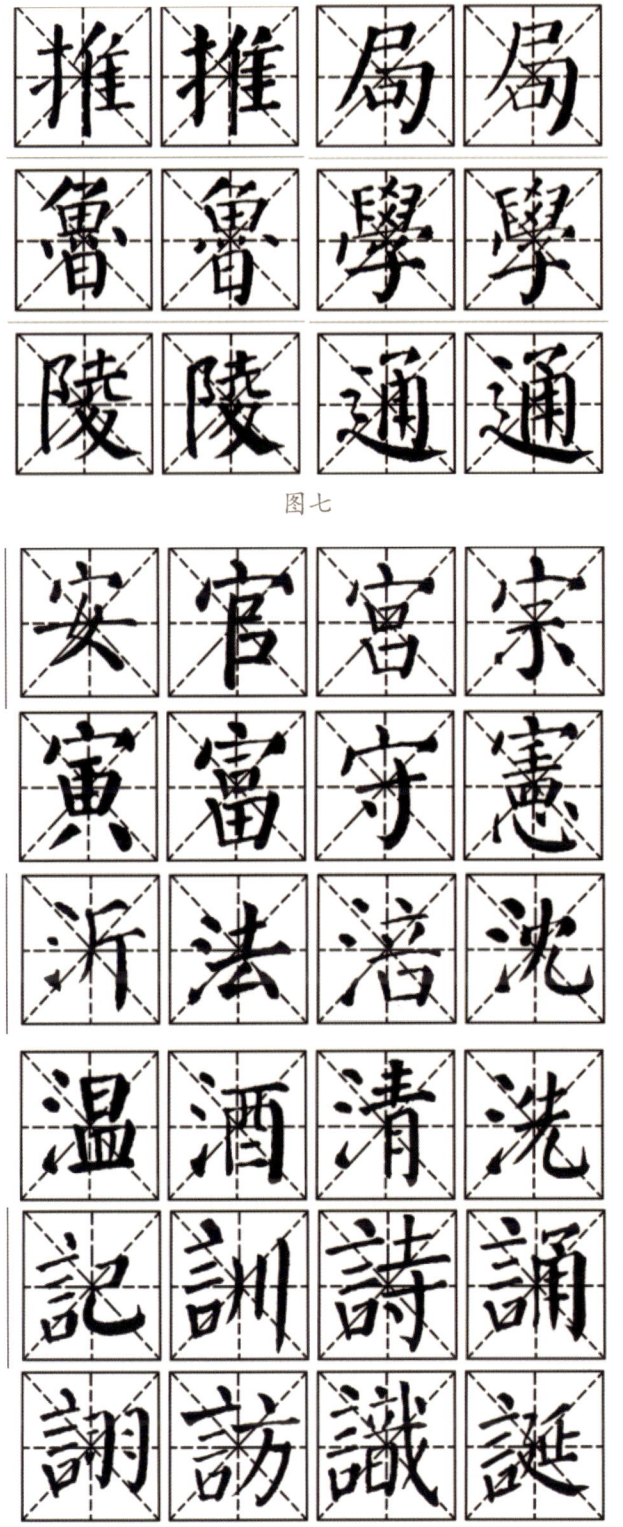

图七

图八

从而更加细化汉字结构,使学生对繁杂的笔画以及不等量的字形关系有进一步的了解。这种循序渐进的教学方法,能使学生迈出学好书法坚实的一步。

少儿校外书法教育主要培养少儿良好的书写习惯,让学生知道如何才能写出工整的汉字,引导学生热爱中国的传统文化。在少儿校外书法教育中,不同年龄段的学生往往集中在一个班级里,每个学生的观察、理解和思考能力都不一样,因而书法教学应密切结合少年儿童的心理特点,采取多种多样适宜少儿的形式展开。老师在了解每位学员的状况下,除有针对性的个别辅导外,还可指导学生动手"画线",这是每个学生都能做,也乐于做的。在整个教学过程中,学生利用"直线观察法"和"归类联想法",通过观察和发现,对范字获得更直观和形象的认识,将更有兴趣理解和钻研字形结构以及笔画形态变化的特征,从而提升书写能力。

参考文献:

[1] 安宏忠.颜体学习指南[M].天津:天津杨柳青画社,1995.

[2] 童婴.楷书探研[M].济南:山东美术出版社,1989.

[3] 韩盼山.书法艺术教育[M].北京:人民出版社,2001.

[4] 苍舒,施蔼.青少年书法三十五讲[M].上海:上海书店出版社,1997.

[5] 洪丕谟,赫崇政.楷书教程[M].杭州:中国

美术学院出版社,1997.

[6] 庆旭. 走向纯艺术——庆旭书法教育教学论文集（1998—2005）[M]. 西安：陕西人民美术出版社,2006.

[7] 韦志中, 周治琼. 青少年心理学 [M]. 北京：西苑出版社,2020.

因材施教，实现书法课堂分层教学

文 / 周靖滨 重庆市綦江区沙溪小学

摘要：因材施教是我国古代儒家教育思想中的一个著名原则，对现代教学也具有重要意义。每个学生都是具有个性差异的，不论是身体先天因素方面的差异，还是后天生活和学习环境的不同，都会导致每个学生对同一学习内容产生不同的认知和体会。在书法课堂教学中，教师要依据学生的个体差异，选择不同的教学内容，制定符合学生实际的教学目标，采取因人而异的教学方法、练习方式及个性化的点评，充分实现以人为本，面向全体学生的书法课堂。

关键词：分层教学；书法；课堂教学

因材施教是我国古代儒家教育思想中的一个著名原则，是指教师在教学中根据学生不同的认知水平、学习能力及自身素质，照顾个别差异，实行分类指导，使学生在原有基础上都得到提高。这对现代教学也具有重要的意义。

因材施教、分层教学的观念在书法教学中尤为重要。由于每个学生都具有不同的思维方式、记忆能力以及视觉、听觉反应力，还有性格、志趣的差异等等，所以每个学生对同一学习内容会产生不一样的认知和体会。教师如果采用一刀切、满堂灌的方式进行教学，那么教学目标既不能定太高，也不能定太低，只能以中等水平来平衡。这样，就会使得水平高的学生感觉过于容易而失去探究的兴趣，而水平较差的学生却又因跟不上节奏而失去学习的信心。因此，在书法的课堂教学中，教师要依据学生的个体差异，选择不同的教学内容，制定符合学生实际的教学目标，采取因人而异的教学方法、练习方式及个性化的点评，充分实现以人为本，面向全体学生的书法课堂。

一、了解学生，合理分层

教师教学的对象是学生，学生是具有主观能动性的人，是具有差异的人。教学对象的特殊性决定了教学工作的特殊性。教师要通过各种方式去了解学生，学生所呈现出的各种特征都必须得到教师的关注，这样才能为教学的有效实施提供帮助。首先，教师要了解学生的身体先天因素。如学生的小肌肉发育情况直接关系学生的执笔姿势和手指协调性、灵活性；每个学生不同的性格特征也决定着对书法不同的审美和艺术表现……其次，教师要了解学生的心理发展情况。如观察力决定着书法临摹、创作和欣赏能力，想象力决定着艺术创作是否具有创新性，意志力决定着能否有耐心地坚持练习等。再次，教师要了解学生的学习习惯。如书写双姿直接影响视力及书写效果，上课专注度会影响课堂效率等。然后，教师要了解学生已有的生活经验和知识水平。艺术是从生活中来的，学生的生活经验对艺术学习也起着重要的作用。如古人所说的"点如坠石"，就是运用自然物象去描述和记忆点画的姿态，使笔画更直观形象。学生是否练习过书法、练习的程度等学习经验会对书法教学产生直接的影响。最后，还需了解学生的兴趣爱好、特长。兴趣能激发学生主动学习，对学习产生愉快的体验。同时，艺术具有相通性，其他艺术的学习也能跨越学科与书法学习产生共鸣。如爱好画画的学生对字的结构空间意识较强，爱好唱歌的学生更容易感悟书写节奏变化等。

教师在充分了解学生的基础上，根据班级中学生的个体差异进行合理分层，分层时切忌给学生贴上标签，教师也要对每个层次的学生一视同仁，保护好学生的自尊，树立学生的学习自信。

二、结合实际，分层备课

分层备课是分层上课的前提。每个层次应选择什么样的教学内容，制定哪些教学目标，确定哪些教学重、难点，是一堂课因材施教、合理分层的关键要素。

1. 分层选择教学内容

教学内容的确定需从学生的实际出发，结合学生已有的知识经验、认知及性格特点、兴趣等，细化到每一层次的学生。不能盲目地照搬教材，要让学生有兴趣去学，有能力去学，学有所获，做到尊重个性，难易适中。在选帖上，可以根据学生的性格特点和兴趣爱好选择，如性格内向而严谨的学生学欧体易上手，性格敦厚的学生学颜体容易写出其气势，思维灵活的学生选择褚遂良楷书等。在练习内容上，也需针对不同基础的学生量身打造，可以让领悟力强、笔性好的学生写一些笔法、结构相对复杂的字，基础稍差的学生则练笔画相对较少的独体字……如在教学《横与竖的分布》时，就可以让学生选用不同字来表现"多横等距、多竖等距"这一结构原理。基础较差的学生可以练习"王、而"等笔画少的字，专业素养高的学生则可练习"事、无（无）"等复杂的字。教学中应避免"一刀切"，要让教学内容有差别，呈现出各种不同的风格特点，保护好学生的学习热情。

2. 分层制定教学目标

教学目标决定了教学的出发点和归宿，是教学行为所期待的成果或是使学生发生何种变化的明确表述。因此，在分层教学中，教师在制定教学目标时，应根据学生的类型，以学生的认知水平为基础，在其现有能力水平上适当加大难度，使学生通过努力才能达成。如在制定《横长撇短，横短撇长》这一课的知识能力目标时，可将目标由浅及深划分为以下四个层次。

第一层次：认识"横长撇短、横短撇长"的结构规律，临写四个范字，要求找准主笔，书写时突出主笔。

第二层次：在第一层次基础上，临写时注意把握好笔画之间的长短搭配关系。

第三层次：在第二层次基础上，临写时写准范字"左上包右下"的半包围特点。

第四层次：在第三层次基础上，能找出一些与范字结构相类似的字，结合临写经验进行创作。

分层制定不同的目标，有的放矢地让学生达成目标，让不同层次的学生都学有所获，也正体现了教学本身的宗旨。

3. 分层确定教学重、难点

掌握教学重、难点是一堂课的教学目标得以实现的重要因素。在分层教学中，由于每个层次学生的教学目标有差异，因此，教学重、难点也就有所不同。如确定《横长撇短，横短撇长》这一课的教学重、难点，应在教学目标的基础上进行，也可由浅及深分为四个层次分别确定。

第一层次：重点为找准主笔，书写时突出主笔，难点则为如何突出主笔。

第二层次：重点为临写时认识和把握好横与撇的搭配关系，难点为书写时如何表现出横与撇的搭配关系。

第三层次：重点为认识和写准范字"左上包右下"的半包围特点，难点为书写时如何表现"左上包右下"的半包围特点

第四层次：重点为学会横长撇短、横短撇长的规律，难点为如何综合已有临写经验进行类似结构的字的创作。

这样层层深入，保证每个层次的学生都能找到努力的方向，围绕重、难点去突破，从而实现教学目标。

三、选择方法，分层指导

分层教学并不意味着复式教学。在教学组织中，不是把各个层次的学生分开组织，而是把学生集中在一个课堂之内，合理地协调"合"与"分"的关系。导入、激趣、共性的知识讲授、复习、小结等需要全班共同参与，针对学生实现不同目标的则需进行分层指导，由于指导的对象有差异，指导的方法也应因人而异。如在教学撇的书写时，对于观察能力差的学生，教师需运用直观形象法，让学生结合生活中象牙或刀的形状，找到类似的关联物去模拟它的形态；对于动手能力差的学生，教师则需弯下腰手把手指导书写动作；对于艺术表现力强的学生，可引导其通过想象或体验一把梳子从发根梳到发梢，由重而轻一掠而过的动态感受去书写笔画。不同的教学目标对应不同的教学方法，灵活地选择和运用教学方法，才能使分层教学真正落到实处。

四、尊重差异，分层作业

作业是学生巩固和消化所学知识，将之转化为书法技能的重要途径。书法作业的布置仍然要尊重学生的差异，不同层次的学生的训练内容、练习量及练习要求也应有所不同。因此，教师在布置作业时，要针对不同层次的学生提出具体的练习内容、练习形式及要求，以实现作业的巩固练习作用。如在教学完《平捺》后的作业，也可以由浅及深分为几个层次来布置。

第一层次：用拷贝纸直接摹写平捺或双钩填廓平捺，然后临写平捺，要求平捺的书写动作要领完整，形态基本准确。

第二层次：临写平捺和范字，要求平捺书写动作要领完整、协调、流畅，范字笔画准确美观。

第三层次：临写范字，要求范字笔画流畅，结构准确。

第四层次：临写范字，并在相关字帖中找一些带平捺的字进行临写，体会平捺在书写中的运用。

作业分层设计，避免书法基础好的学生因练习

内容过分简单缺乏兴趣而应付了事，避免书法基础差的学生因无法达到要求而放弃，应使每个层次的学生都能得到巩固和提高。

五、以人为本，分层评价

评价反馈是教学活动的重要组成部分，是促进学生达成教学目标，实现主动学习的重要手段。在书法教学中，评价也应遵循学生的认识规律，根据作业的不同要求，由浅入深、由易到难地进行。在评价时，首先，教师要正确认识评价的作用。评价的目的是让学生更好地认清自己学习上的优点和不足，评价不是成果展示，也不是开批判会，既要找出作品的闪光点给予鼓励，也要针对问题指出改进的方向。其次，要注重评价的实效性。应根据分层教学目标，有针对性地进行评价。如果越层拔高要求，则会让这一层次的学生一头雾水，不知所措。如果降层压低要求，则会让评价的意义荡然无存。同时，还需注重评价样本的选择，教师要挑选出不同层次的具有代表性的样本，让同一层次的学生能在评价中找到有共性、有价值的内容，取长补短，共同进步。最后，评价要以人为本，尊重学生。切忌让学生产生比别人差的自卑感而羞于展示，也不能让学生产生优越感而骄傲自满。注重保护好每一层次学生的自尊及兴趣。

书法是中华民族的传统文化艺术，它作为艺术，是具有个体差异性的。"一千个观众就有一千个哈姆雷特"，每个人的审美感受和艺术体验都是独一无二的。因此，在书法教学中，我们不能像工厂成批生产同一型号的产品那样去开展课堂教学，而是要从艺术的角度出发，尊重个体差异，因材施教，分层次地确定目标，运用不同的教学方法，从不同角度去发挥学生的主观能动性，让书法教学真正地面向全体学生，实现学生不同层次的发展。

参考文献：

[1] 中华人民共和国教育部. 中小学书法教育指导纲要 [M]. 北京：北京师范大学出版社，2013.

[2] 陈琦，刘儒德. 教育心理学 [M]. 北京：高等教育出版社，2011.

[3] 陈振濂. 书法教育学 [M]. 上海：上海书画出版社，2018.

砚边漫步

再议国图版《艺舟双楫》始末

文 / 丁少帅 兰亭书法艺术学院

摘要： 稿本《安吴四种》是包氏现存较早的手稿本著作，系由包氏及他人手写抄撮而成，完成后屡有更改。稿本中的部分内容已与通行的同治本具有较大差异，既可以看出包氏在编撰此书过程中，思想观念已经出现转变，又能看出内容屡有删改，乃包氏深思熟虑后的成果。

关键词：《艺舟双楫》；国图稿本；包世臣同治本

一、国图稿本《艺舟双楫》谈略

《艺舟双楫》是清末书家包世臣定鼎之作，此篇既出，奠定了晚清碑学发展的理论依据，为碑学发展与兴盛提供了理论保障。然而《艺舟双楫》版本众多，内容记载互有删减，了解不同版本之间的差异对于研究包世臣碑帖思想的"真实性"及其思想形成过程中的转变，具有重要帮助。[1]

《艺舟双楫》自出版以来，至今已有百余种版本存世。然较有史料价值的仍为民国之前出版的版本。其所依照的底本有四种，分别是：道光二十六年丙午本、咸丰元年辛亥本、同治十一年壬申本和光绪十四年戊子本。[2]但同时代的版本会存在或多或少的差异。以咸丰年间出版的两种版本——元年汉口刊刻本及十年吴璜观乐堂本——为例。咸丰元年汉口本是公认的咸丰辛亥年的标准范本，但吴璜观乐堂本在目录及内容上均与咸丰元年本有差异。上述四种底本是由包世臣及其子孙刊定于世的标准范本，其余同时代的私家汇编的《艺舟双楫》在内容上即便存在差别，也不应当是厘定版本文献过程中所需依据的"善本"。但不同版本的存在，为校勘《艺舟双楫》提供了史料的来源，存在较为积极的学术价值。

据史料记载，《艺舟双楫》现存版本如下表[3]：

表1：《艺舟双楫》现存版本及相关情况

编号	版本	相关情况
1	《安吴四种》稿本	国图藏本，手抄本，半页10行，行23字上下不等，左右双栏，单鱼尾白口[4]

---

1. 据笔者统计，目前国内研究过国图稿本内容的文献仅有两篇：一篇是肖三喜《包世臣书学思想研究》一文，该文是其硕士学位论文，其在第二章第四节中探讨了国图本《艺舟双楫》中《国朝书品》及《删定〈书谱〉》两章的删改情况，对其他章节并未涉及，对该书时间也未加以考证；另一篇是拙文《国图稿本〈艺舟双楫〉（论书）增删内容初探》，该文考证了国图本《艺舟双楫》的成书时间，详细探讨了《国朝书品》的删改情况，然而对于其他章节的删改情况也并未详细叙述，只是笼统地介绍了国图删改内容的几种常见方式。由此可知，国内对于国图本《艺舟双楫》的关注程度明显不够。
2. 丁少帅：《国图稿本〈艺舟双楫〉（论书）增删内容初探》，《大众书法》2020年第5期。
3. 关于《艺舟双楫》版本的说法历来不一，笔者汇集的版本信息主要根据以下材料：赵敏：《皖人书画印文献叙录》，黄山书社，2019年，第190页；赵传仁、鲍延毅、葛增福主编《中国书名释义大辞典》，山东友谊出版社，2007年，第124页；续修四库全书总目提要编纂委员会编《续修四库全书总目提要·子部》，上海古籍出版社，2015年，第387页；《〈安吴四种〉的编集与特点》，载牛继清主编《安徽文献研究集刊·第五卷》，黄山书社，2013年，第41页。相关情况一栏，则旁考书籍甚多，选录可单独列出，务求本表所辑版本完备。
4. 丁少帅《国图稿本〈艺舟双楫〉（论书）增删内容初探》一文认为："诸本对于附录卷数不一，如道光二十六年木活字本为附录二卷，与稿本有异。《艺舟双楫》经过多次修改，增补较多。以稿本为例，附录卷前有'艺舟附录'的字样。《钱献之传》卷前则有'正集七'字样，但未见卷八，而卷九直接以贴条的形式标于卷前，为'安吴四种卷第十六，《艺舟双楫》卷第九，附录三'。在《完白山人传》一节有前有'安吴四种卷第十四，《艺舟双楫》卷第七，《论书三》'的字样，内含《甘泉训遵郑先生碑阴述》一文，与通行本顺序颇不同。稿本与通行本顺序不同，原因有三：（一）稿本多有'原件页码、卷数多处错误'的情况存在，而未标有'卷八、附录二'字样即是此类原因。（二）稿本之后，历来出版印刻的版本，均有不同程度的删改，内容、卷数屡有增加。如咸丰辛亥本在附录卷二后增有《钱献之传》及《姚烈妇杨凤姑传》两记。肖三喜《包世臣书学思想研究》言：'《艺舟双楫》卷七论书三被包世臣删去了，这样一来，原欲写三卷的《艺舟双楫》必须进行内容上的重新组合和调整。'（三）稿本各卷都是事先以小楷书写好，因改动导致卷数错乱不一，稿本时已删减三卷为两卷。与通行本相较，稿本缺《皇诰授朝议大夫礼科给事中吴君墓志铭》、《清故予告太子太保文渊阁大学士食全俸晋太子太师在籍除名大庾戴公墓碑》等附录一共十三篇文章。且标题与现行本略异。"

（续表）

编号	版本	相关情况
2	道光十年本	仅存两卷，刻本
3	道光二十六年本[5]	泾县包氏白门倦游阁木活字本
4	校改本	墨迹本，现藏于山东省图书馆[6]
5	咸丰元年本	刊刻本，刊刻于南京（金陵），后于武汉汉口据此本重刊[7]
6	咸丰十年本	吴璜观乐堂本，六卷，篇目与他本皆有出入，单刻[8]
7	同治十一年本	包世臣子整理湖北注经堂本
8	光绪癸酉本[9]	资州刊本
9	光绪本	《翠琅玕馆丛书》刊本[10]
10	光绪高安邹氏本	《玉鸡苗馆丛书》刊本[11]
11	光绪八年本	蒲圻但氏刊本[12]
12	光绪九年本	宜宾聂氏汗青簃翻性恬刊本[13]
13	光绪抄本	朱荫龄抄本，现藏于广州中山大学图书馆
14	光绪十一年本	聚文堂刊本，不分卷

编号	版本	相关情况
15	光绪十四年本	重校本
16	光绪十七年本	汉阳本[14]
17	宣统元年五月	上海广智书局本[15]
18	宣统元年本	《芋花庵丛书》本
19	民国四年本	上海古今书室本
20	民国五年本	保粹堂《艺术丛书》本
21	民国五年本	上海有正书局本
22	民国十三年本	古今图书店本
23	民国十三年本	文艺书社第六版（现存著录最早可见第六版、十五年第八版及二十年第十版）封有"魏塘姚云江署"
24	民国十八年本	《万有文库》第一辑（后民国二十八年《万有文库》印有《补遗》一卷）
25	民国二十四年六月本	《国学基本丛书》本
26	民国二十四年十一月本	世界书局印本
27	民国二十四年本	《艺林名著丛刊》本

5. 赵传仁等主编的《中国书名释义大辞典》记有道光十六年刊本，查无此本流传，疑是"二十六年"本之讹传，其实为包世臣误记。还有观点认为"道光二十六年"为"道光二十四年"的，见薛帅杰《包世臣碑学思想广泛传播原因探微》，其据包世臣在《安吴四种》内的补述"介绍"，认为"包世臣在道光甲辰年秋九月二十九日记录的笔记中明确指出《安吴四种》拟求活字排出数百部"，即此版本以"外聚珍"形式印刷。见上海书画出版社编：《翁方纲的书学思想研究》，上海书画出版社，2006年，第67页。
6. 王艳丽：《馆藏包世臣〈安吴四种〉校改本的版本价值初探》，《山东图书馆季刊》2008年第4期。
7. 江增华：《历代安徽诗文名家别集叙录》，安徽师范大学出版社，2019年，第333页。
8. 张之洞：《书目答问补正》，北京燕山出版社，2008年，第168页。
9. 众说皆有谈及"资州本"，此本影响有限，未见刊刻时间。察之唯存"癸酉重刊本"之说，按：光绪在位期间并无癸酉年，疑存误。见中国学术名著提要编委会编：《中国学术名著提要（第五卷）清代卷》，复旦大学出版社，2019年，第853页。
10.《翠琅玕馆丛书》完成于光绪年间，确切年代未详，后未曾付梓，编者冯兆年便去世。再经黄任恒重新搜集，于民国五年刊刻。见罗志欢：《中国丛书综录选注》，齐鲁书社，2017年，第134页。又赵传仁《中国书名释义大辞典》收录《艺舟双楫》的《翠琅玕馆丛书》（六卷）本，将其列到道光本之后、同治九卷本之前，实是错讹。
11. 此本所录为《艺舟双楫》六卷兼附录三卷本，具体刊刻时间不详，刊刻人为邹凌翰。见李国强、傅伯言主编：《赣文化通志》，江西教育出版社，2004年，第483页。
12. 蒲圻但氏在光绪年间以刊刻图书闻名，现存但氏出版的书籍刻本，存年有光绪九年、十三年、十七年、二十一年等，可知在光绪年间，但氏书局刊印过多种书籍。包世臣《艺舟双楫》有光绪八年刊刻本并无异议。
13. 蒋元卿：《皖人书录》，黄山书社，1989年，第455页。
14. 光绪十七年汉阳本与咸丰元年汉口本并非同一种，后者称为"武昌局本"，见张之洞《书目答问补正》。
15. 其时间未有所考，但光绪十五年、十九年间康有为《广艺舟双楫》曾为广智书局出版，想来时间大约也在此间。后见《民国时期总书目》知《艺舟双楫》为1909年（宣统元年）5月初版，见北京图书馆编：《民国时期总书目》，书目文献出版社，1994年，第213页。又见有光绪中的说法，今不取。

以上27个版本为民国二十四年之前所能找到记载的主流版本，且均已见于著录。未见著录者有钤印为"弘雅堂鉴赏印"的江标《艺舟双楫》抄本[16]等，还有散见于嘉德等拍卖会的佚名版本等，皆不存记，故而未列入上表之中。自民国二十五年至新中国建立后，《艺舟双楫》出版更多，版本可考者，多是翻刻、抄录光绪之前的《艺舟双楫》版本。这些翻印本及校注本均有学术价值，可是以版本学角度去分析，民国二十五年之前的这27种《艺舟双楫》更有研究价值[17]。从表1统计数据上看，《艺舟双楫》成书于道光年间，主要刊行于光绪年间与民国时期，光绪年间出版的次数约占据总表数量的33.3%，民国时期所占比例约为33.3%，与光绪年间出版持平。其次是道光本，约占总表数量的14.8%。

《艺舟双楫》一书自出版以后，逐渐脱离《安吴四种》的框架，独立成书，并且得到了学术界与书法界的一致青睐，导致被再三翻刻，内容也得到了修改与完善，甚至部分内容被单独析出，如《安吴论书》[18]。故而，当前学界《艺舟双楫》通行本（现通行《艺舟双楫》版本取用翻刻版本较多，然仍多以同治本为主，此处通行本代指同治本）与原本之间已然存有不少差异。不知版本流传删改情况，很难说对包世臣思想转变能有更为深刻的理解。

现存最早《艺舟双楫》版本应该为国图藏本《艺舟双楫》稿本（以下统一称为"稿本"）。此稿本为手抄本，系《安吴四种》总本中的一部分，主要内容为卷五至卷七，共三卷篇幅。与山东省图书馆抄本类似，在原本内有删改修正的痕迹。此前少有学者提及此稿本，笔者在《国图稿本〈艺舟双楫〉（论书）增删内容初探》一文中根据该书所录稿本的内容，结合各版本增删篇目及章节的情况，以及根据稿本中对缺失补记"道光戊申九月七日"，和咸丰本内容补入的情况，对稿本的成书时间进行了考证，基本可以认定此稿本成书时间要早于道光十年本。从其内容来看，似乎修订补充的内容则要晚于道光二十六年活字本。也就是说，稿本是包世臣最早写成、修改、定稿过程中用的抄写本，抄写者多达四到五人，绝非独力完成，由此推知稿本是在活字本之前便已经存在，否则也不会放弃印刷转而用多人进行手写抄录，此既费时又无甚必要。[19]稿本的发现与研究，对于了解包世臣学术思想演变具有重要意义，其最为突出的改变便体现在《国朝书品》中对书家排序的更改。有些书家在原稿本中并未出现，是后来补充进入的，有些则名次有所调整。

16. 江标（1860—1899），字建霞，号萱圃，光绪十五年进士。其《艺舟双楫》抄本未见国图藏江标《笘誃日记》。
17. 此外，据笔者所见，民国十四年还存在有由大陆图书公司出版的关于《艺舟双楫》标点版，为李菊庐标点本，今不录于表格之内。另民国二十六年六月教育书店有再版李氏标点本，原版是否为大陆图书公司本，待考。严格意义上说，统计数据应当截止于清宣统年间，民国元年后，此《艺舟双楫》被收入多种丛书进行刊印，数目不胜枚举，然而由于《艺林名著丛刊》于1983年重印，影响较大，故以此本为截止。
18. 《安吴论书》出自《艺舟双楫》，然文中表格未列，其存三益书局石印本及受古书店石印本。最为普及的当为《美术丛书》本，此本收录于初集第九辑中，出版于民国二十五年，见北京大学考古系资料室编：《中国考古学文献目录（1949—1966）》，文物出版社，1991年，第67页。此《美术丛书》为商务印书馆印，又见神州国光社线装本，标有"辛亥孟春初刊戊辰十月复印，民国二十五年夏三版重订续完"可知初集最早由上海神州国光社印订，出版于民国元年。此外还有《丛书集成初编》本，此本出版于民国二十五年十二月，后由中华书局于1985年重印。《安吴论书》版本最早可以追溯到光绪九年癸未归安姚氏刊刻的《咫进斋丛书》本。
19. 从《删定吴郡书谱序》一节中可以看出，稿本共有十一二处内容与道光二十六年本重合，而至同治十一年本时已无。同治十一年本是以包诚为首的包世臣子孙"在鄂再刊梨枣，发坊以广流传"，包诚不可能擅自更改书中内容，也就是说，在咸丰元年本中其实已经做了改动。而道光二十六年本与稿本契合度极高，稿本与道光二十六年本作"钟繇"，同治等本已经作"元常"，孙过庭《书谱》原文便是"元常"，稿本中没有《删定吴郡书谱序》附记于末"道光戊申九月七日重校书此"。可以想到这十几处大的改动是在此时删减完成的。而此次重校是以道光二十六年的活字木刻本为底本修改，所以才会出现"山图"的校改本。于是我们可以得出一个结论，稿本在道光二十六年木刻本前就可能存在，并可能一直使用到道光二十六年之前，直到包世臣用木刻本替代了抄本，稿本的历史使命方宣告完结。

关于稿本中对于《国朝书品》的删改更替，见诸旧文，兹不赘述。

然而其他章节内的删改，虽说内容较少，也极具史料价值。最为明显的便是篇目顺序的更改，稿本"论书"部分的目录及正文与通行本差异较大，下表所列以各自顺序先后排列。

表2：《艺舟双楫》稿本与通行本篇目对照

版本	论书一	论书二
稿本	《述书上》《述书中》《述书下》《跋荣郡王临快雪内景二帖》《题隋志拓本》《与段明经论书次东坡韵》《历下笔谭》《论书十二绝句》《国朝书品》《答熙载九问》《答三子问》	《书谱辨误》《自跋删拟书谱》《自跋草书答十二问》《十七帖疏证》《与吴熙载书》《书黄修存藏宋拓庙堂碑后》《书刘文清四智颂后》《书陈云乃集其先公写废寿幛字为四言诗卷后》《书临平原祭侄稿后》《跋重刻王夫人墓志》《记两笔工语》《记两棒师语》《完白山人传》《删定吴郡书谱序》
通行本	《述书上》《述书中》《述书下》《历下笔谭》《与金坛段鹤台（玉立）明经论书次东坡韵》《论书十二绝句》《国朝书品》《答熙载九问》《答三子问》	《书谱辨误》《跋荣郡王临快雪内景二帖》《书临平原祭侄稿后》《题隋志拓本》《自跋删拟书谱》《自跋草书答十二问》《十七帖疏证》《与吴熙载书》《书黄修存藏宋拓庙堂碑后》《书刘文清四智颂后》《自跋真草书录右军廿六帖》《书陈云乃集其先公写废寿幛字为四言诗卷后》《跋重刻王夫人墓志》《记两笔工语》《记两棒师语》《完白山人传》《删定吴郡书谱序》

在稿本《论书一》最后，其旁注有"在《书品》前"字样。可知位置曾有所调动，与通行本[20]完全吻合[21]。通行本《论书一》中有三处调动：《跋荣郡王临快雪内景二帖》放入通行本《论书二》第二节之中，《题隋志拓本》放入第四节中，《历下笔谭》与《与段明经论书次东坡韵》位置互调。通行本《论书二》中有补充稿本未录章节《自跋真草书录右军廿六帖》于《书刘文清四智颂后》章之后。将放于稿本《论书二》第九节处的《书临平原祭侄稿后》调整到通行本《论书二》第三节处。通行本中《自跋删拟书谱》调整为第五节，前面加插了《跋荣郡王临快雪内景二帖》《书临平原祭侄稿后》《题隋志拓本》。

通过文章目录的顺序，可以解决李慈铭所读《艺舟双楫》版本的问题。李慈铭在《越缦堂读书记》中曾记载借阅得"包慎伯《艺舟双楫》"一册，记录时间为同治三年六月初十日，也就是说，他借阅的肯定是同治本之前的版本。虽已不能够确切地知道他所阅读的《艺舟双楫》是什么时候的版本，但从他阅读时写下的随笔中似乎可窥一二。"论书首以《述书》三篇，次《论书》十二绝句，次《历下笔谭》，皆论古人优劣及金石碑版。次《国朝书品》，分神品、妙品、能品、逸品、佳品五等。"[22]从所叙述的章节内容可知，李所见到的版本与稿本和同治本的出入都非常大。当然或许在描述时会有省略，

---

20. 关于通行本，现行版本有李星、刘长桂点校《包世臣全集》，黄山书社，2013年；况正兵、张凤鸣点校《艺舟双楫》，浙江人民美术出版社，2017年（属于《艺文丛刊》系列）；李菊庐、王可材等点校《艺舟双楫新式标点》，大陆图书公司，1925年（《艺林名著丛刊》本）；包世臣：《国学基本丛书：艺舟双楫》，商务印书馆，1935年。黄宾虹、邓实编《美术丛书》初集第九辑，浙江人民美术出版社，2013年（但只有《论书一》，即仅有《论书一》）。此外还有《历代书法论文选》本（选刊）、《邓石如研究资料》（仅有《完白山人传》）、祝嘉《艺舟双楫疏证》本等。据笔者统计，现通行本多以同治十一年本为底本。
21. 稿本正文顺序与通行本同，但未有咸丰元年本补入的《自跋真草书录右军廿六帖》（此篇书在道光十三年癸巳），另包世臣注《书谱辨误》及《跋荣郡王临快雪内景二帖》"移入卷一"，注《书临平原祭侄稿后》"移入陈云乃后"，注《自跋草书十二问》结尾"《十七帖疏证》移在此"，注《十七帖疏证》"移入《与吴熙载书》前"。
22. 张小庄：《清代笔记、日记中的书法史料整理与研究》（下），中国美术学院出版社，2012年，第674页。

但大体顺序应该是：

《述书》三篇—《论书十二绝句》—《历下笔谭》—《国朝书品》

稿本与同治十一年壬申本的目录顺序都是：

《述书》三篇—《历下笔谭》—《论书十二绝句》—《国朝书品》

均不同于李慈铭所见的《艺舟双楫》。另外，李氏还记载有："而神品仅一人，为邓石如隶及真书。妙品上亦只一人，为邓石如分、篆及草书。以下至佳品共百七人，而钱唐梁山舟不与焉。"[23] 此记述内容与稿本删改前的内容相仿，可判定李氏所读的《艺舟双楫》应该早于国图稿本。

二、国图稿本《艺舟双楫》删改情况考略

稿本删改内容较多，有部分则涉及包世臣本人书学态度的转变。在各章节的内容中，与通行本内容完全一致的仅有《与段明经论书次东坡韵》一节。内容差别仅有一处者则有三节：一处于《自跋删拟书谱》，稿本中的"天才"两字还并未更改成通行本中的"天材"；一处于《书陈云乃集其先公写废寿幛字为四言诗卷后》，稿本中漏一"行"字，通行本进行了补正；一处于《跋重刻王夫人墓志》，稿本中漏一"非"字，通行本进行了补正。稿本与通行本差别最大的章节在于《国朝书品》，尤其是对书家品级的选定，反复更改，方成定稿。其中大部分内容的删改都是经过深思熟虑后所做的决定，删改后补记的内容与通行本相差较小。因此，可以将国图稿本中与通行本有差异的内容分为两大类：一类是删定后与通行本内容无异之文；一类是与通行本有异，但未进行任何删改者。

第一类是删定后与通行本内容无异之文。一部分是对内容进行了删改，用词重新斟酌的缘故。比如《历下笔谭》，原稿本中的说法是"近人王澍虽不能书，言江南足拓"，后经修改，将"虽不能书"这类对王澍有所中伤的话抹掉，把"言"改成"谓"，更显尊敬之意。另一部分则完全是因为抄写过程中出现了笔误。如《述书下》有记载"苟能通其意"，原稿本将"通"漏掉，此处为笔误未录，若依原稿本"苟能其意"则文本明显不通。再如《历下笔谭》中"推张长史、钱醉僧、杨少师三家"，稿本竟将"三家"一词中的"家"字漏掉，导致不成体系。其实漏字现象在稿本绝大多数章节中都有发生，既系手抄本，且抄录者又非一人，出现此类错误，应不足为怪。稿本中还有将词汇删掉，重新补用他词者，或直接补充他词者，又或是增补内容以至准确者，及原本就是抄写过程中遗漏者，因稿本为最原始的版本，增补的过程中又无其他说明，故不知包世臣原意表达究竟为何，但既在稿本中便已行更正，则又无探明的必要。

第二类是与通行本有异，但未进行任何删改者。其中有部分内容显系错字，包世臣在修改的过程中未曾发现。如在《论书中》中有"任其势"，稿本将"任"字写作"他"，显误，想必失误未曾读出。还有一部分未改者，则说明包世臣最早在《艺舟双楫》行文过程中，与通行本所表达的内容在主观意识上

---

23. 李慈铭：《越缦堂读书记》，辽宁教育出版社，2001年，第583页。

存在差异，认识亦有所不同。下文笔者选出比较具有代表性的两处内容，来分析包世臣在稿本与通行本的修改过程中，确实存在思想意识观念的转变。

（一）通行本《论书》中有："《述书》、《笔谭》稿出，录副者多。江都梅植之蕴生，仪征吴廷扬熙载，甘泉杨亮季子，高凉黄洵修存，余姚毛长龄仰苏，旌德姚配中仲虞，松桃杨承汪挹之，皆得其法。"此文本与稿本有异。稿本无"余姚毛长龄仰苏"而为"宜兴吴同午午生"。按《清史稿·艺术二》吴熙载条"与熙载同受包氏法，江都梅植之蕴生，甘泉杨亮季子，高凉黄洵修存，余姚毛长龄仰苏，旌德姚配中仲虞，松桃杨承汪挹之"[24]，《清史稿》为民国成书，多参考世臣书。也可知《艺舟双楫》在刊刻过程中确实有过更改。《荆溪县志》载："吴同午，字午生。精篆分行楷。"[25]《谢元淮年表》载："道光二十五年……访包世臣于小倦游阁。与汪汝式（子经）、胡晋（康侯）、吴同午（午生）、田得书（丹铭）、吴清鹏等唱和。……作《啸剑吟》二十首，综述鸦片战争事。"[26]毛长龄，字仰苏，浙江余姚人。包世臣《毛节母传》载："扬州药肆有毛长龄者，以善书名阛阓。"金丹先生认为毛长龄为吴熙载的弟子[27]，其书法直承包世臣，且《书谱》全用包迹，并加以临摹（正恰合"吴君书出于予，因介吴君问笔法"，估计毛在服膺吴氏法后则直接以包世臣为取法对象，将包氏习作当作临摹的范本）。但包氏《书谱》本身便用笔讲究，缺少自然随意之意，且"筋骨不足，节奏感弱，有'终伤腕弱'之讥"，故能想见毛长龄的书艺水平还远不能至"以善书名阛阓"。包世臣在后特意更换两人姓名原因为何，不得而知。笔者揣测，吴同午为包氏友，而毛为包氏徒。以徒替友，更为合适。但以包氏对毛的"以善书名阛阓"和"安而能迁，君子之途也"的评价来看，可见包世臣对毛长龄的认可及提携。当然也有可能存在吴同午与包氏产生嫌隙，于"其法"有异议的情况。

（二）由于通行本是在稿本的基础上经过数次删减与更改完成的，所以两者之间在内容上有所差异也是理所应当的事情。稿本完全不同于通行本者，差异最大的一段在于《答熙载九问》节中，见下表：

表3：稿本与通行本《答熙载九问》部分内容对照

版本	内容
稿本	然世传《书谱》石本，出安氏者最下，定是困学临写，使转忽忙，点画直率，全无唐人意象。出文氏缭绕无骨势，从以浓枯取致，行间尤寂寞无意兴。出陆氏者较胜而势短韵薄，行间之气不充，亦未必是真迹。古人云：事忙不及草书，须是部位纯熟，而出之雍容。回互缓急。仍似点画之法，行其使转则性情与形质合，草法虽不传，始不可冥契古初也。
通行本	至谓"钟不草而使转纵横"，此语并传尽真法。盖端庄平直，真势也；……是故有形质而无情性，则不得为人，情性乖戾，又乌得为人乎！明乎此而自力不倦，古人未尝不可企及耳[28]。

此段文本在稿本和通行本中记载完全不同，可相互对照。《答熙载九问》上所记载书写的时间为

---

24. 赵尔巽等：《清史稿》第四十六册，中华书局，1977年，第13895页。
25. 金毓绂辑《辽海丛书》第5集《皇清书史》卷5—9，辽沈书社，1985年。
26. 刘崇德、刘超：《谢元淮年表》，《河北大学学报》2011年第5期。
27. 根据《毛节母传》语"尽弃所学而学之""诚笃好学"。见金丹：《包世臣书学批评》，荣宝斋出版社，2007年，第218页。
28. 上海书画出版社、华东师范大学古籍整理研究室选编校点《历代书法论文选》，上海书画出版社，1979年，第661—662页。

道光二十一年（即辛丑年），该章节之中所记载的主要内容是答"熙载"关于笔法的九种提问。在熙载提出"草法有法"，继而"何为草法"的提问之中，包世臣给出了解释，认为草书于"点画"之中称妙，但草书的失传与"失于点画之妙"有着必然联系。接着包氏列举王大令的"一笔书"，认为不见笔画起始停顿之处，不过这种停顿却处处存在，既有形质的内涵，又有情感随之涌现出来。因此后人的主要问题还在于不能准确且灵活地运用腕与笔杆中的"力度"，亦不能在此间做到充足的变化，在频繁更换笔尖运动轨迹时，导致停止于"滞涩"之内，使力度的展现更加生硬，写的也更像是楷书，如此一来何谈"性情"？所以草书的性情应该包含形质之内，点画寓于使转当中，使笔锋在笔画内部不断辗转腾挪，如此才是"停顿"的真谛，也是"真草共通"的根本。可见草书并非要力戒"停顿"，而是顺势而为。两种版本在相关的叙述中便产生了差异。稿本中继续说《书谱》石本的几种差异。安氏刻本乃清人安岐所藏，据之以上石摹勒的版本，后有清人陈奕禧小楷释文，清中期享誉甚广，乾嘉时期著名学者石韫玉便曾作跋文称赞。文氏本则为文徵明《停云馆法帖》本，收录于卷三之内，现存有东京大学、哈佛大学藏本。

据文献考证，《书谱》墨迹本原下卷被文徵明所藏，上卷则归费鹅湖所藏。《停云馆法帖》本的原本恐怕非依照墨迹本上石，依照的底本很有可能是《太清楼》本，不免使得翻刻弱无笔力。陆氏本在史书皆未得见，应该为抄错所致，稿本原文"出陆氏者较胜"中的"陆氏者"或为"麓氏者"，所指为安岐翻刻本。包世臣列举了安氏刻本与文氏刻本的差异，即安岐本存在"因学临写，使转忽忙，点画直率，全无唐人意象"等问题，文氏本存在"缭绕无骨势，从以浓枯取致，行间尤寂寞无意兴"等缺点，继而认为虽然"草法"已经不传，但"须是部位纯熟，而出之雍容。回互缓急"仍必须要做到，否则无法达到书写过程中的"使转则性情与形质合"，可见在旧稿本的内容中，对于草书的问题，仍然停留于探讨"草法"不传，及力戒"停顿"，需"顺势"而为等内容。但通行本的内容则更改为承接于《书谱》所谈张芝"点画狼藉"的话题，继续延伸。认为钟繇使转处，皆有做到"纵横"之法，顺便讲到"草法"不传的原因在于"真法之不传"，由于古代真书与草书在笔法上相通，正是真书的"使转"之法变成了"转折"之法，才导致"真草"两法全部失去价值。在通行本最后的一段话中，包世臣借用了相书与《周礼》的说法，再次阐述了"性情"的问题，并将"平和"与"简静"作为楷书与草书的首要标准，将"俊宕"与"雄肆"作为次要标准。

通行本自"至谓'钟不草而使转纵横'"开始，截止于"明乎此而自力不倦，古人未尝不可企及耳"，共计460余字，而稿本此处则只有百余字，无论是阐述的要点，还是叙述方向都有了极大的改变。稿本重在阐述"性情与形质合"，通行本的内容则已经更改成为对"真草笔法"及"平和"与"简静"的关注。

三、余论

根据稿本与通行本《艺舟双楫》的差异性，可以解决其他《艺舟双楫》版本内容的问题。

诸如祝嘉《艺舟双楫、广艺舟双楫疏证》[29]（以下统一简称"祝本"），与通行本及稿本内容均有较大差异。据笔者粗略统计，其著中：《述书上》（与稿本及通行本内容）有五处不同，《述书中》有一处不同，《述书下》有两处不同，《历下笔谭》有三处不同，《答熙载九问》有八处不同，《答三子问》有三处不同，《书谱辨误》有四处不同，《书临平原祭侄稿后》有五处不同，《题隋志拓本》有两处不同，《自跋删拟书谱》有两处不同，《十七帖疏证》有五处不同等。以《书临平原祭侄稿后》为例，其云"丁未，禄山遣征兵幽州之高邈，自幽州返南至郡"，祝本作"南返"，实则为"返南"。"改命蒋钦凑率曳落河百人团练兵七千"，祝本作"李钦凑"，此按《新唐书》作"蒋钦凑"，但《资治通鉴》作"李钦凑"，从者如《遂宁县志校注》[30]"安禄山反，杲卿斩贼将李钦凑等"及《安禄山事迹》"时贼将李归仁令弟钦凑领步骑五千镇土门而守……"。但稿本、通行本皆作"蒋"，疑是祝本私改。祝本并未介绍其疏证版本的来源，然而祝本书中有部分内容皆不同于同治、光绪本，却与稿本相同。其疏证版本及新出各新证版本的断代问题，皆需凭借稿本进行考量，以此看来，此书所具备的史料价值仍未得到足够的重视。

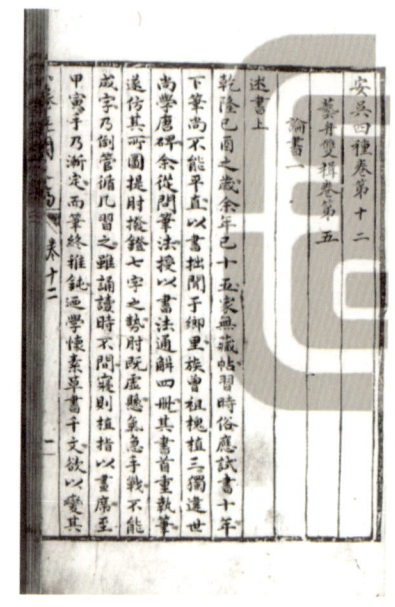

国图稿本《安吴四种》之《艺舟双楫》书影

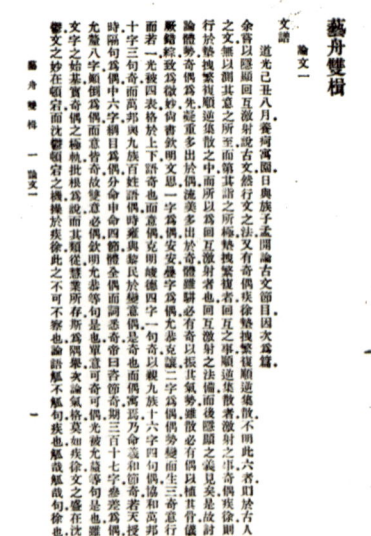

商务印书馆民国二十四年《国学基本丛书》之《艺舟双楫》书影

---

29. 祝嘉编《艺舟双楫、广艺舟双楫疏证》，巴蜀书社，1989年。此书出版后也屡有再版，未知现收录本是否更正，笔者所谈仅仅针对1989年巴蜀书社版本，中华书局香港分局版、上海书画出版社版未见，故在此不涉及。然中华书局香港分局版出版于1978年，要早于巴蜀书社版。
30. 杨世洪主编《遂宁县志校注》乾隆五十二年本，巴蜀书社，2018年，第299页。

"浑厚天成"与"忠义大节"
——颜真卿书法艺术的历代审美评价

文/王慧 首都师范大学中国书法文化研究院

摘要： 颜真卿作为盛唐时期著名的书法家，擅于书写楷书、行书，历代书家们在进行书法品评时多围绕其取法对象、风格特征及人格修养，认为其"直入山阴之室"，并未拘泥于"二王"之法，而是创造性地融入"篆籀气"，形成了自己独特的笔法和结构，开创了盛唐时期雄浑严整的唐楷风貌。后世书家在评价颜真卿的书法时，一是从其书法作品的视觉特征描述其风格特征，二是根据其人格修养体悟与书法二者之间的双向关联，更加深入地体会颜体书法的外在意蕴格调和内在精神气质。

关键词： 颜真卿；书法作品；审美评价；人品

颜真卿主要生活在盛唐时期，不仅是一位忠义正直的官员，亦是盛唐端楷的代表书家。历代书家对其书法作品的欣赏评价，多从两方面进行论述，或究其用笔、结构等外在笔墨表现，分析其不同作品带给人们"雄厚""方整"的视觉感受，或将其"忠义"人格品质与其书作相联系，据此更深入地体悟其风格特点，能够从另一视角剖析颜体书法的基本特征和典型风格。

一、"浑厚天成"——颜真卿书法的外在视觉感受

历代书家对颜真卿书法的取法问题，多认为其师法"二王"一脉，并以"篆籀"笔法参之。宋代黄庭坚欣赏其书法时曾说道："王氏（以）来，惟颜鲁公、杨少师得《兰亭》用笔意。"[1]认为王羲之后能得《兰亭序》用笔韵味的书家只有颜真卿、杨凝式，可见黄庭坚认为颜真卿的书法师承王羲之。清初书法家陈奕禧在《隐绿轩题识》中提道："颜鲁公《争坐位》稿书，古今书家莫不以为准的，最得圣教笔法，而自为变化，使后来不可端倪，宋四家无不出于此。"[2]不仅在此指出颜真卿《争座位帖》的笔法来自《集王羲之圣教序》，更是进一步点明"宋四家"书法亦取法于颜真卿，并创造性地形成了各自的书风特点。但米芾则认可其行书，对楷书却评为"俗品"，还曾称其《争座位帖》内含"篆籀气"。

颜真卿留给后世的书法作品主要为楷书和行书，楷书作品尤其丰富，经典的有《颜勤礼碑》《颜家庙碑》《多宝塔碑》《麻姑仙坛记》《大唐中兴颂》等，后世书家评价其楷书时常形容为"浑厚""雄厚"。"厚"是后世书家欣赏颜真卿楷书时所关注的最显著的特征，其各件楷书碑刻作品正是于顿挫之间造就了厚重有力的笔画线条。尤其是明清时期的书家们，在评价颜体书法时，多用此类词语形容其书法特点，如清代张之屏曾评价"颜真卿之雄厚"，更有周星莲评价："惟右军书，醇粹之中，清雄之气，俯视一切，所以为千古字学之圣；鲁公浑厚天

---

1. 崔尔平选编点校《历代书法论文选续编》，上海书画出版社，1993年，第61页。
2. 崔尔平选编点校《明清书论集》，上海辞书出版社，2011年，第607页。

成,精深博大,所以为有唐一代之冠。"³ 用"浑厚"一词评价颜真卿书法,推其为唐代书法之典范,与前者形容王羲之的"清雄"形成对比。王羲之作为"书圣",其作品自然是法书经典,颜真卿则以其"浑厚"特色的书风,代表着有唐一代的书法高峰,这就不难理解后世有所成就的书法家为何多曾取法"二王"、颜真卿的经典碑帖。

颜真卿正是以"骨力"用笔来塑造"雄厚"的笔画特征。黄庭坚曾提倡,书写笔画偏粗的字时,应有骨力贯通之内。赵宧光曾在《寒山帚谈》中评价晋人书法多含韵气,唐人则被法度约束而缺乏韵味,"颜真卿骨力有余,逸韵不足,方朔象赞取资右军,晋风稍有存者,当为平原正书中第一帖"⁴。赵宧光认为颜真卿楷书《东方朔画赞碑》为其楷书第一。而后来孙鑛在评析《多宝塔碑》时却用"秀媚多姿"来形容。清代王澍在《虚舟题跋》中评价此碑时也说,颜真卿其他碑刻作品多以骨力劲健为主,唯独此碑"腴不剩肉,健不剩骨"。可见每位书家在进行审美评价时都带有个人的主观意识。

有的书家在品评书法时不局限于外在笔画形态,而是更加关注字形结构,可谓:"字犹人也,运笔得法,则骨肉停匀,精神充满;结构得法,则官骸正位,周旋中规。"⁵ 可见,笔画和结构均是评价书法作品的参考标准,每一个笔画拼接组合,才会形成完整的框架结构。唐代楷书是楷书发展史上的辉煌时期,无论是欧阳询、虞世南的瘦硬,还是褚遂良的秀丽,均各具特色,而对于颜真卿的楷书后世则多用"方整""严整"等词汇形容其端庄工整的结构特征。清代人侯仁朔在欣赏《多宝塔碑》的结构时说道:"鲁公刚方性成,作书亦方整持重,前辈谓士人不可无道,心不可泥道,貌鲁公书,无乃道貌毕呈。"⁶ 不仅是其《多宝塔碑》,从其各个楷书名碑中,均可欣赏到其字方整端庄的结构特点。

二、"忠义大节"——内在审美标准下的颜体书风

书法艺术"讲究笔法、墨法、字法、章法的相辅相成,从而创造出一定的艺术境界。同时还要讲究书家的才识和修养。因而,书法的艺术性首先体现在完美的表现形式与丰富的文化的蕴涵相结合"⁷。这种以人品论书品的审美取向,从宋代开始逐渐成为文人们鉴赏书法的审美标准,更是延续至明清两代。颜真卿作为唐代忠义之臣,敢于直言劝谏,又是盛唐时期的书法大家,自然成为历代书家中"书如其人"的代表人物之一。通过探究后世书家结合人格因素对颜真卿书法的评价,不难发现其作品中雄厚的笔画和端庄的结构与其内在人品是相互映射的。

宋代朱长文曾在《续书断》中将颜真卿书法列为"神品",评价"其发于笔翰,则刚毅雄特,体

---

3. 崔尔平选编点校《明清书论集》,上海辞书出版社,2011年,第1218页。
4. 崔尔平选编点校《明清书论集》,上海辞书出版社,2011年,第336页。
5. 张鸿来编著《书法》,北平文化学社,1937年,第57页。
6. 崔尔平选编点校《明清书论集》,上海辞书出版社,2011年,第886页。
7. 欧阳中石主编《新编书法教程》,高等教育出版社,2008年,第114页。

严法备，如忠臣义士，正色立朝，临大节而不可夺也"[8]，将其刚正严肃的官场作风与其整齐雄厚的书风相联系，表明宋人评析书法时已不仅限于关注书法外在的笔墨形态，还将人品纳入书法评价体系中。董逌同样在《广川书跋》中评价颜真卿《祭侄文稿》时说："鲁公于书，其过人处正在法度备存而端劲庄特，望之知为盛德君子也。"[9]认为颜真卿楷书庄严有法度，为一代楷模，与其君子人品密不可分。尤其是在南宋朱熹理学思想影响下的书法观，更是将人品与书品的关系紧密联系。朱熹得知好友刘共父学习忠臣颜真卿的书法，而自己学的却是篡朝者曹操的，便发出"余嘿然无以应，是则取法不可不端也"[10]的感叹。从这些书家的评价中，可清晰认识到内在人品在书法评价标准中的重要性，只有将颜真卿书法的外在艺术性和颜真卿内在品性相结合，才可以感受到其真正的魅力所在。

明清书家延续宋代文人书家对人品的推崇，在学习取法或欣赏作品时也关注书家的德行品质。明代赵宧光不仅品评颜真卿的笔墨特点，还会结合其人品进行评价，他认为颜真卿书法能在唐代独树一帜，与其端正人品密不可分，"颜真卿严整第一，稍有一分俗气，唐人独推此公，亦以品第增重耳"[11]。冯班亦对颜真卿书法评价道："鲁公书如正人君子，冠佩而立，望之俨然，即之也温。"[12]此处将颜真卿书法形容为"正人君子"，从侧面烘托了其楷书的端庄规整。相反，对人品不佳者明清书家则会极力排斥。傅山曾评价赵孟頫的字："予极不喜赵子昂，薄其人遂恶其书。近细视之，亦未可厚非，熟媚绰约自是贱态，润秀圆转，尚属正脉，盖自《兰亭》内稍变而至此。"[13]将子昂书法的秀媚字势认为是"贱态"的表现，这体现出傅山对赵孟頫归服元朝的鄙夷态度。

至清代时，许多书法家仍结合颜真卿的人品进行书法评价。蒋衡曾在题跋颜真卿《大唐中兴颂》时，说此碑为其书法中的绝佳之作，并提及自己曾临习此碑，但未能臻其妙境。其孙子蒋和曾于《蒋氏游艺秘录》中认为"颜平原忠义大节，唐代冠冕，书法亦如端人正士，凛然不可犯"[14]，站在人格修养的高度将颜真卿书法高举为唐代之冠，尤其是楷书的结构无不体现其端正士气。晚清、民国书法家郑孝胥也认为"鲁公气节凛然，故书尤浑厚天成"[15]，更为直接地指出，正是颜真卿的为人、气概，才使其书法地位如此之高。此后张之屏引用清人刘熙载《艺概·书概》中的"书如其人"观点说道："如颜鲁公、柳诚悬，论者以为书如其人，不虚矣。"[16]可见，明清至民国时期的书法家们，除了通过书法笔墨形态等外部因素来进行评价，更关注深层次的人品道德。

---

8. 上海书画出版社、华东师范大学古籍整理研究室选编校点《历代书法论文选》，上海书画出版社，1979年，第324页。
9. 崔尔平选编点校《历代书法论文选续编》，上海书画出版社，1993年，第126—127页。
10. 崔尔平选编点校《历代书法论文选续编》，上海书画出版社，1993年，第147页。
11. 崔尔平编点校《明清书论集》，上海辞书出版社，2011年，第348页。
12. 崔尔平编点校《明清书论集》，上海辞书出版社，2011年，第557页。
13. 崔尔平编点校《明清书法论文选》，上海书店，1994年，第454页。
14. 崔尔平编点校《明清书论集》，上海辞书出版社，2011年，第863页。
15. 崔尔平编点校《明清书论集》，上海辞书出版社，2011年，第1408页。
16. 崔尔平编点校《明清书论集》，上海辞书出版社，2011年，第1491页。

结语

对于颜真卿的书法，历代书家们认为其在师法"二王"的基础上，融入"篆籀"笔法，创造了独具个人特色的盛唐气概。后人在品评其书法时或从外在笔墨特征出发，对其骨力用笔、雄厚笔画和严整结构等艺术特点进行审美评价；或是从内在的精神气质出发，结合书法家的人格品质，将人品与书作相联系后再进行审美评价。不论是从外在笔墨还是内在人品，均能感受到颜真卿书法中肃穆雄强、端庄严整的书风特征。

课堂实录

三年级（下）第 2 课　左行点

文／颜宇露　长沙市雨花区红星实验小学

一、教材分析

本课程教材选用湖南美术出版社《书法练习指导》三年级下册。

本课以左行点为学习内容，从左行点的笔画形态特点到它的运笔方法，让学生在观察中获得对左行点的认识。从范字"惟"的临写、赏析到欧、柳、赵楷书大家的书写风格对比欣赏，启发和引导学生体会左行点的用笔力度和经典碑帖的风格。教材内容包括"笔画认识""运笔步骤示意图""范字赏析与练习""对比与欣赏"四大部分。

教材开门见山地呈现了左行点在田字格中的形态，直截了当地介绍了左行点"由轻到重，上尖下圆"的形态特点，突出了本课的学习重点。教材介绍颜体左行点是由右上往左下行笔的点，一般位于字的左边。出挑是为了与右边笔画的连贯。左行点的用笔方向和要领是本课难点。教师要特别提醒学生颜体字左行点的书写有其独特的形式：往往是顺锋入笔左行，由轻到重行笔铺毫，行至末端时顿笔，稍停，然后圆转回锋，最后向右上聚锋收笔。教材借助笔画示意图，一一标注了起笔、行笔、收笔的运笔方法，特别用文字解说了运笔动作。同时，用运笔步骤示意图加以直观形象地展示，使学生更加清晰地理解左行点用笔的要领。这样，学生书写时才能做到心中有数，下笔准确自然，从而突破本课的难点。

在"范字赏析与练习"部分，教材选取"惟"和"尉"两个字为例，既有碑中字的原貌呈现，又有米字格中的临写范例，能帮助学生细致地认识笔画形态特点，还能让学生深入分析字中笔画的位置关系。教材配以简洁的文字总结范字的结构特点和笔画书写技巧，既能帮助学生提高观察整体字形的能力，又能使学生对字和笔画的辨析审美上升到理性认识，能清晰直观地感受不同位置的左行点所呈现的形态的变化和区别。如"惟"的左行点是竖心旁的一个部分，形态特点突出，用笔有力，点较直。如"尉"中的左行点，形态略收，点倾斜。教学和书写时，要注意引导学生多加辨识，仔细体会。

左行点的形态，在颜真卿、欧阳询、柳公权、赵孟頫所书的字中各有特点，变化微妙、丰富，或饱满，或精瘦，或行笔流畅洒脱等，风格各异。教材最后通过颜体与欧、柳、赵体中范字"惟"的书写对比欣赏，帮助学生更好地领悟左行点的书写和经典书写的风格。

二、教学目标

1. 使学生认识左行点的形态特点，体会左行点的行笔方向和力度，掌握颜体左行点的特殊写法。

2. 使学生学会书写范字"惟"和"尉"，关注左行点的形态变化，认识其变化规律。

3. 引导学生细致观察，专心书写，培养学生良好的书写习惯。

4. 使学生在临写和赏析中感悟笔画的力度变化，激发学生热爱书写、热爱书法文化的情感。

三、教学思路

本课教学过程安排建议为：复习导入—引导观察与示范练习—赏析临写—作业展评—拓展评析—对比欣赏。

本课的开始，可先复习之前长点的写法，通过语言引导学生，启发学生观察教材上的笔画示意图，并用手指在教材上进行摹写，感受它的运笔方式。复习回顾长点的写法并感受左行点的写法后，师生一起观察左行点的特点，探究左行点由轻到重并且向左行笔的书写技巧，进入学习的重点和难点。教师可以指导学生先阅读教材的笔画示意图和运笔步骤示意图，尝试书写左行点，感悟笔画的用笔技巧。学生相互交流自己的学习体会。教师借助多媒体演示，分解左行点的运笔动作和方法，展示左行点在不同字的位置中所呈现的多样形态，使学生对左行点的形象的认识更直观、更清晰。教师示范书写左行点，学生巩固练习书写，领悟运笔的提顿和方向的变化，从而突破难点，掌握左行点的书写技巧和方法。

在范字赏析时，教师可引导学生先观察"惟"和"尉"的整体字形，再探究字中各笔画的特点与关系，可以培养学生在观察中由"字形"到"笔画"的审美思维。而范字练习时，指导学生准确书写各笔画形态，突显和塑造范字的外形轮廓，培养学生在练习中养成由"笔画"到"字形"的审美创造。这样，从整体到细节，从细节到整体，有利于学生书写学习的深入和书写技能的掌握。此外，教学时还要加强"惟"和"尉"中左行点方向的对比欣赏，启发学生发现左行点在不同字中所呈现的形态变化规律，即"惟"字中的左行点基本垂直，出尖在上方，而"尉"字中的左行点稍向右倾斜，它的方向与字的形态以及左行点所在的位置有关。

在赏评学生作业时，要多鼓励学生自主赏析、自我评价和自我改善，始终引导和帮助学生关注书写的运笔技巧和笔画形态，关注学生书写的态度和习惯。

在教学的最后，教师以"惟"字为例，展示颜体与欧、柳、赵体的对比，让学生感悟同一个笔画在同一个字中的不同风格，即左行点的方向、胖瘦、正斜的不同。同时，也要帮助学生认识到不同风格中同一笔画的相似书写规律，建议学生在《颜勤礼碑》中找有左行点的字，激发孩子自主学习的意愿，拓宽视野，使学生上升到书法文化的层面去思考书法创作。

四、教学建议

1. 尝试描红练习。在书法教材的最后有一个"课堂练习记录册"，里面有描红的部分，可以让学生根据范字形态进行描红，初步感知、了解笔画的轻重、停顿、转折等不同，促进学生对课堂知识的了解。

2. 运用对比纠错。通过实物展台，将范字模板、学生的问题作业展示出来，也可以直接展示在黑板上，让学生欣赏、比较，分析笔法、结构等问题，从而更快解决突出及普遍存在的问题。

五、教学资料

"示"字的对比与欣赏：

《三清殿记》赵孟頫 元楷书

《多宝塔碑》颜真卿 唐楷书

《宣示表》钟繇 三国魏楷书

《神策军碑》柳公权 唐楷书

六、参考教案

课目	第 2 课　左行点	年级	三年级下册	执教	颜宇露
教学程序	教学活动			媒体运用	
复习导入	1. 复习笔画——长点。回顾长点的运笔方法。练习书写长点六遍，并进行反馈，再巩固书写四遍。 　　　2. 师：我们将长点的运笔过程反过来试试，可能会写出一个什么笔画呢？ 　　（师生交流，认识左行点。） 　　　3. 揭示课题（板书：左行点）。				
引导观察与示范练习	1. 出示"左行点"，让学生观察，说说左行点笔画有什么特点。 　　（左行点形态由尖到圆，方向向左。） 　　2. 学习左行点的写法： 　　（1）左行点与长点比较，有哪些不同？ 　　（方向相反，长度缩短。） 　　教师范写左行点，学生书空，边写边念运笔方法。 　　（2）长点难不倒我们，那左行点呢？ 　　学生读教材运笔步骤示意图，并试写两个左行点。 　　出示学生书写的左行点，师生交流。 　　方向：向左下运笔。 　　特点：起笔尖，收笔圆，由轻到重。 　　教师示范左行点写法两遍，速度稍慢，边写边念：顺锋入笔左行，由轻到重行笔铺毫，行至末端时顿笔，稍停，然后圆转回锋，最后向右上聚锋收笔。（学生边写边念，先书空练习两遍。） 　　（3）书写左行点时，还有哪些要特别注意的地方？ 　　（坐姿与执笔、用笔技巧，书写状态。） 　　（4）学生练习书写左行点六遍，教师巡视指导。 　　（5）展示学生书写练习，师生辨识：哪一个左行点最美呢？（学生明确用笔由轻到重的力度把握以及行笔方向。） 　　同桌相互评一评，师生反馈，纠正学生的书写。 　　学生巩固练习书写三遍。（学生自我对比调整。）			投影展示左行点 实物投影演示教师书写 实物投影展示学生书写 教材和书写工具	
赏析临写	1. 出示范字"惟"，让学生观察： 　　（1）这个字有什么特点？（字形方正，左窄右宽。） 　　（2）怎样才能把握"惟"字"左窄右宽"的特点呢？ 　　（竖心旁稍长，两点居上，紧靠垂露竖，右边横画稍长。） 　　（3）"惟"字中的左行点模样有什么变化？怎么写呢？ 　　（左行点位置稍正。特别注意起笔，笔尖朝正上方偏右一点点起笔，由轻到重向左下行笔，回锋，向正上方聚锋收笔。） 　　（4）师生交流：书写时，还要注意哪些笔画特点？ 　　（左疏右密，两垂露竖收笔处左高右低，右边四横平行间距均匀，中间两横稍短，下横稍长。） 　　师：一定要注意横画微微向右上倾斜。 　　（5）教师示范，学生练习书写五遍，教师巡视指导。			幻灯演示范字及结构外形 实物投影演示教师范写，学生领悟运笔的停顿、快慢 教材和书写工具	

（续表）

课目	第2课 左行点	年级	三年级下册	执教	颜宇露
教学程序	教学活动			媒体运用	
赏析临写	2.出示范字"尉"，学生分组讨论，合作学习： （1）说说这个字的形态特点和笔画特点。 （2）说说这个字中左行点的特点和写法。 （3）教师示范，学生跟随进行书空练习。 （4）学生练习书写三遍，教师巡视指导。 　3.学生书写展示，汇报学习情况。 （1）师生赏评：左行点在不同的字里所呈现的形态不一样。 （2）学生巩固练习书写，教师巡视指导，遇到普遍存在的问题及时纠正、示范，重点指导写字有困难的学生，"双姿"不正确的个别提醒。				
作业展评	选择有代表性的四幅作业讲评，让学生说说什么地方写得好，什么地方写得不太美观，然后指导互评再改正。 学生修改调整，自我评价。				实物投影展示学生的书写作业
拓展评析	1.展示《颜勤礼碑》中部分带左行点的字，请学生说说这些字中的左行点形态有什么异同。 2.任选原碑中一至两个字进行临写练习。				投影展示《颜勤礼碑》中部分有左行点的字
对比欣赏	1.教师展示欧体、柳体、赵体的"惟"字并进行对比欣赏。 2.学生说说各字体中左行点的相同和不同之处。 3.课堂总结：通过今天的学习，我们知道颜字中左行点的写法很特别，还认识到左行点在不同字中会有形态的丰富变化。在不同的书写风格中，左行点的运笔方法也会有不同。只有认真观察，用心体会，我们才能把握每个汉字的书写方法。				投影展示欧体、柳体、赵体的"惟"字

四年级（下）第7课 双人旁

文/林 巧 长沙市雨花区枫树山大桥小学

一、教材分析

本课程教材选用湖南美术出版社《书法练习指导》四年级下册。

双人旁是一种常见的以竖向笔画为主的左偏旁，它由两个短撇和一个垂露竖组成，外形窄长。本课以双人旁为学习内容，主要有"认识部首""范字赏析与练习""对比与欣赏"三部分。教材图文结合，对部首进行了详细的示意和阐述，并辅以形象贴切的图片和对话，以突显部首书写的要领。教材选取"得"和"德"为范字来实践部首的学习，突显双人旁范字"左窄右宽"的特点，使学生领略"字形方正"的结构之美。在教学时，教师应引导学生认真观察、细心模仿、悉心领悟，以顺利掌握书写技能，发展审美能力。

教材围绕双人旁的组成笔画、各笔画的形态特点、各笔画的写法和各笔画之间的位置关系，进行了简洁的文字描述。这也是本课的教学重点。双人旁外形窄长，笔画撇短竖宜长。两撇起笔平齐，收笔不齐；两撇皆直，上短下长；竖画居撇中，或直或直中有弯。教学时，从外形特点到笔画特点，教师要充分利用教材图片，进行适当标注，如"两撇起笔平齐""竖画居撇中"等，使抽象的叙述变得形象、直观。在双人旁中，上撇较短，下撇较长，不仅出现了"重撇"现象，而且即使同是垂露竖，也还有弯直的不同，这是本课学习的难点。教师要引导学生多观察、多比较、多练习，提高学生的书写技能，培养学生严谨的辨析思维。

颜字结体宽博、方正，给人以庄重沉雄之感。在"范字赏析与练习"部分，教材选取"得"和"德"两个字为范例。

教材既呈现了《颜勤礼碑》中范字的风貌，又有米字格中的手写例字。教材还用文字详细地描述了范字的结构特点、笔画形态、位置关系等。教学时，教师可参考教材的阐述来有的放矢地引导学生观察，突出笔画技巧的书写训练。《颜体楷书间架结构九十二法字帖》中第七十六法曰："左竖不嫌短，右竖不嫌长。"在范字"得"中，要特别注意双人旁中垂露竖的"直、短、细"，与右部笔画竖钩中的竖部"弯、长、粗"的对比关系。指导学生临写时，须控制好竖画的行笔速度和笔力轻重，写出两个竖画并行合抱之势及其"相向之美"。另外，"得"的右部有一组横笔画，即五个横画，除讲究横画的长短参差之外，更要合理安排横画间距，以求范字书写呈现"均匀之美"。而范字"德"，右部笔画繁多，除了横向笔画均匀分布之外，还要注意右部中间四个竖向笔画的间距均匀，即使是"心"字底的三点，也有均匀分布之美。此外，还要注意范字中左、右部的宽窄、疏密关系，以及笔画纵横之间的形态或方或圆，或直或曲，或粗或细，或长或短，巧妙至极，古朴敦厚。因此，让学生在处理好范字各笔画位置关系的基础上，再深入表现笔画的书写变化，也是本课的教学难点。教学和书写时，要注意引导学生多加辨识，主次分明，领悟颜字的神韵。

教材选取了欧阳询《九成宫醴泉铭》、柳公权《玄秘塔碑》和赵孟頫《胆巴碑》中的"德"字，让学生进行对比欣赏。教师引导学生对这四个含有双人旁的"德"字进行临写、赏析，可以让学生直观感受到颜、欧、柳、赵四体楷书中双人旁的不同书写风格：颜体中"德"字的双人旁有"外形较窄长，竖画瘦长略弧向左"的特点，而欧、柳、赵体中的"德"字的双人旁却有"外形稍窄短，竖画瘦短直挺"的特点。同时，教师还要引导学生对比"德"字的结构形态：除颜体中的"德"字有"左右部长短相近，字头字底平齐"的特点外，其余欧、柳、赵体中的"德"字都有"左部短于右部，字头不齐字底平齐"的特点。可以帮助学生再次领略颜字"方正、宽博"的雄浑之美。这样，师生在范字的对比赏析中，循"结构—部首—笔画"的思维训练，迅速获得审美的愉悦和发现的乐趣，也必将推动学生书写技能训练的深入发展。

二、教学目标

1. 引导学生认识部首双人旁的形态特点，学会"窄长"的书写技巧。

2. 引导学生欣赏范字"得"和"德"，认识左、右部分的宽窄、长短特点，感悟"字形方正"的书写风格。

3. 引导学生观察一组同方向笔画的间距，领略书法的均匀之美。

4. 拓宽学生的书写视野，发展学生会赏析、会审美的思维能力。

三、教学思路

本课学习的是双人旁。双人旁与前一课的单人旁有相似之处：垂露竖在撇画中腰处起笔，且竖画长于撇画。以复习导入的方式来进入新课学习，会让学生充满信心。"双人旁就是在单人旁上再加一个更小的短撇"，教师可以借助教材中卡通人物的对话，引导学生从"在什么位置，添加一个什么样的短撇"开始思考，来认识部首双人旁中的"重撇"现象。这两个撇画各有什么特点呢？借助教材中的"双鸟图"，学生不难发现"上撇粗短，下撇细长"的撇画形态之美。我们该如何排列这两个撇画才更美呢？可以让学生在"说一说，添一添，比一比"的尝试练习中来探索两撇的位置。教师要着重强调"撇头平齐，撇尾不齐"的排列关系。教师还可以借助辅助线，让学生对"撇头右平齐，竖画宜居中"的抽象认识变得更直观形象。

在范字"得"和"德"的赏析中，学生先观察整体字形，认识"左窄右宽、左右等高"的字形特点。随后，教师引导学生着重探究范字中右部的笔画特点和笔画的位置关系。在范字"得"中，教师引导学生进行"一组横画间距"的比较和"竖钩位置"的分组比较，让学生"摆一摆五个横画的组合"，让学生"添一添笔画竖钩"，从而帮助学生认识"横画间距均匀，末横最长"和"竖钩居右，宜粗长左弧"的书写技巧。而在范字"德"的学习中，教师则可以提供"美的卧钩"和"四五个常见的不美的卧钩"，让学生进行"选择—组合"。特别是"心"部三点的排列，更是可以师生合作书写，并进行辨析。这样学生积极参与充满趣味的学习活动，主动观察、自主探索，会更有学习的劲头。

本课教学过程安排建议为：复习导入—比较赏析—临写反馈—对比欣赏—赏评拓展。在本课学生作业的赏评中，教师要引导学生多关注笔画的位置关系、排列方式和同一笔画的不同形态。教师要多鼓励学生自主观察、自觉模仿和自我完善。同时，教师也要关注学生的书写状态和书写姿势，多肯定，多表扬，营造积极乐学的氛围。

在"对比与欣赏"中，以"德"字为例，展示欧、柳、赵字的不同书写，主要让学生体会"同一字中的同一个部首在不同书法家笔下的不同风格"。教学时，可以从"双人旁书写的异同比较"和"书写'德'字形态的异同"两方面进行。教师要帮助学生认识双人旁的书写是"异中求同"，写出双人旁"窄短"的特点。而范字"德"的书写却是"同中求异"，唯有颜体的书写是左、右部高度接近，愈显颜字的"雍容饱满、平稳方正之美"。教师可鼓励学生课后进行有选择的"仿真临写"训练，尊重学生的审美个性。

四、教学建议

1. 审美先行。在书写训练中，"练眼"和"练手"同样重要。"练眼"，其实就是发展学生的书写审美能力，学会欣赏，学会发现"书写的美"。本课双人旁中的垂露竖形态丰富多变，是一个不错的"练眼"机会。为了帮助学生更好地认识垂露竖的形态美，教师可以从《颜勤礼碑》中选取含有双人旁的相关范字来进行对比。在双人旁中，有的垂露竖宜正直，如"德"字；有的垂露竖呈左弧形，如"從（从）"字；还有的垂露竖呈右弧形。教师指导学生着重观察"同一个部首中同一个笔画的不同形态"，认识双人旁中垂露竖的弯直变化。这样，学生学会观察，学会欣赏，不仅认识了笔画的"形"，还能更直观地领略笔画的"神"，从而获得审美思

维的发展,受到"书写美"的熏陶。

2. 善用比较。只有比较,才有美丑。书写中的"长短、粗细、弯直、正斜、高低"都是抽象的相对概念,因而教学时,老师可以引导学生进行比较,使得抽象的特点更直观、更具体,往往能收到事半功倍的效果。比如:两个撇画排列方式的比较,可以让学生认识准确的位置关系。比如:"得"字中竖钩的位置比较,可以让学生认识"竖钩居右"的特点。再比如:范字中横向笔画和纵向笔画的间距比较,可以让学生认识"间距均匀"的结构美。对于范字的左、右部分的比较,还可以让学生认识左右的宽窄、高低的结构关系,获得"外形方正"的认识。无论是笔画的形态位置,还是部首的丰富变化,或是范字的结构特点,我们都可以巧妙地引导学生在比较中发现、在比较中认识,从而真正建立

书写美的"感觉",提高书写技能训练的实效性。

3. 巧用拓展。本课中的双人旁出现了"重撇"现象。尽管教学时,教师已就两个撇画的长短、弯直等变化进行了详细的指导,但领略撇画的丰富变化仍然应该成为本课学习的良好契机。在课堂书写的拓展部分,双人旁范字"復(复)"和"後(后)",是学生拓展欣赏不可错失的选择。尤其是范字"後(后)",字中的六个撇画,或长或短,或直或弯,有粗有细,斜度不一,各有变化。当多个撇画在同一个字中各尽姿态,而又融洽和谐,强烈的视觉冲击必定给学生带来深刻的印象,同时也能开阔学生的视野。

五、教学资料

1. "行"字的起源:甲骨文"行"字像十字交叉大路,本义应为道路,后引申为行走等意思。

2. "行"字的演变过程:

甲骨文

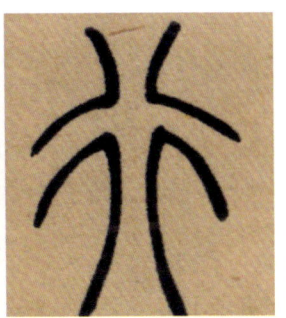
篆书

隶书

楷书

3. "行"字对比与欣赏：

《三门记》赵孟頫 元 楷书

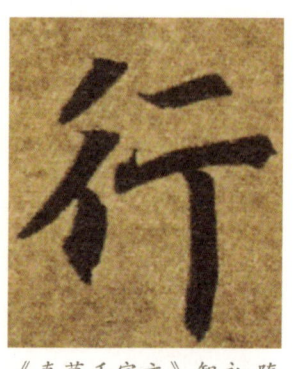
《真草千字文》智永 隋 楷书

4.《颜勤礼碑》中包含了双人旁的字：

《虞恭公温彦博碑》
欧阳询 唐 楷书

《颜勤礼碑》颜真卿 唐 楷书

六、参考教案

课目	第7课 双人旁	年级	四年级下册	执教	林 巧
教学程序	教学活动					媒体运用
复习导入	1. 出示部首单人旁，指明学生说说单人旁的特点。 学生复习书写单人旁两个，强调其"窄长"外形和笔画特点、位置。 2. 出示部首双人旁，学生观察：双人旁和单人旁的书写有哪些异同呢？ （师生交流，初步认识双人旁。） 3. 揭示课题。 双人旁就是在单人旁上再加一个更小的短撇。双人旁也有外形"窄长"的特点。这节课，我们来继续学习部首双人旁和含有这类部首范字的写法。（板书：双人旁）					展示学生书写的单人旁。 出示双人旁书写图示。
比较赏析	（一）出示双人旁。 1. 学生尝试临写三个双人旁。 怎样才能把双人旁写得"窄长"呢？（撇短竖长） 2. 指导赏析： （1）认识两撇的排列特点： 学生辨一辨：两短撇是下列哪种排列方式呢？ （师生明确：撇头平齐，撇尾不齐。） （2）认识垂露竖的特点和位置：					1. 幻灯演示部首、范字及结构外形。

（续表）

课目	第7课 双人旁	年级	四年级下册	执教	林巧

教学程序	教学活动	媒体运用
比较赏析	学生试一试：垂露竖在撇画的什么位置起笔呢？ （出示三个竖画，学生选择其一组合双人旁，并赏析。） 3. 小结： 双人旁有"窄长"的特点，两撇画粗短，上下排列，撇头对正；竖画宜细长，在撇腰中部起笔，要讲究弯直变化。 学生练写双人旁三遍。（学生自我对比调整。） （二）出示范字："得"和"德"。 1. 学生分组学习： （1）这两个范字有什么共同特点？（左窄右宽，外形方正。） （2）书写时，还要注意哪些笔画特点？ （"得"字，左右基本等高，右部横画均匀，末横最长，竖钩粗重居右。"德"字，左右基本等高，右部横向笔画分布较均匀，四个竖向笔画、三个点画也间距均匀。 除"卧钩斜向右下"外，其余横向笔画均斜向右上，以求均衡之态。） 学生临习范字各两遍。 2. 指导赏析： （1）说说"得"字中左竖和竖钩中竖部的形态有什么不同。 （2）说说"得"和"德"字中双人旁的垂露竖有什么不同之处。 3. 教师示范，学生练写两遍，教师巡视指导。	2. 灯片演示"得"字中五个横画，"德"字中四个横画、四个竖画、三个点画的排列间距。 3. 实物投影演示教师范写，学生领悟停顿、快慢、轻重的运笔方法。 4. 教材和书写工具
临写反馈	1. 反馈范字外形特点是否方正。 （左右等高，上下平齐。） 2. 反馈范字中双人旁形态是否准确。 （外形窄长，"重撇"上下对正，竖画居中，弯直各异。） 3. 指明同学各三人上台，在米字格中演示书写笔画： 添一添"得"字中的竖钩、"德"字中的"卧钩"，并说一说这两个笔画的书写心得。 学生练写，自我校帖修改。 教师巡视指导，对"双姿"不正确的同学个别提醒。	实物投影展示学生的书写作业
对比欣赏	1. 教师出示欧体、柳体、赵体的"德"字，与颜体范字"德"进行对比欣赏。 学生说说：和颜体相比，欧体、柳体、赵体"双人旁""德"字的书写有什么相同和不同之处？ （异中求同：双人旁通常都写得"窄短"，以左让右。 同中求异：在欧体、柳体、赵体的"德"字中，双人旁都要低于右部，皆是"垂露竖稍短"；而颜体中则是双人旁与右部高度接近，上下平齐，力显方正。） 2. 从"对比与欣赏"的范例中，任选其一进行"仿真临写"，能"以假乱真者"为最优。	投影展示《颜勤礼碑》中部分有双人旁的字
赏评拓展	1. 学生分组推荐本课的优秀书写作业并展示。 让学生说说该同学的书写中有哪些值得学习的优点。 师生评议（关注笔画形态、笔画位置、结构特点是否突出；关注学习习惯）。 2. 欣赏含有双人旁的其他范字，辨识垂露竖的形态和"重撇"现象。 课堂总结，宣布下课。	投影展示《颜勤礼碑》中含有双人旁的范字"德、從（从）、得"和"復（复）、後（后）"。

名帖赏析
米芾《蜀素帖》局部

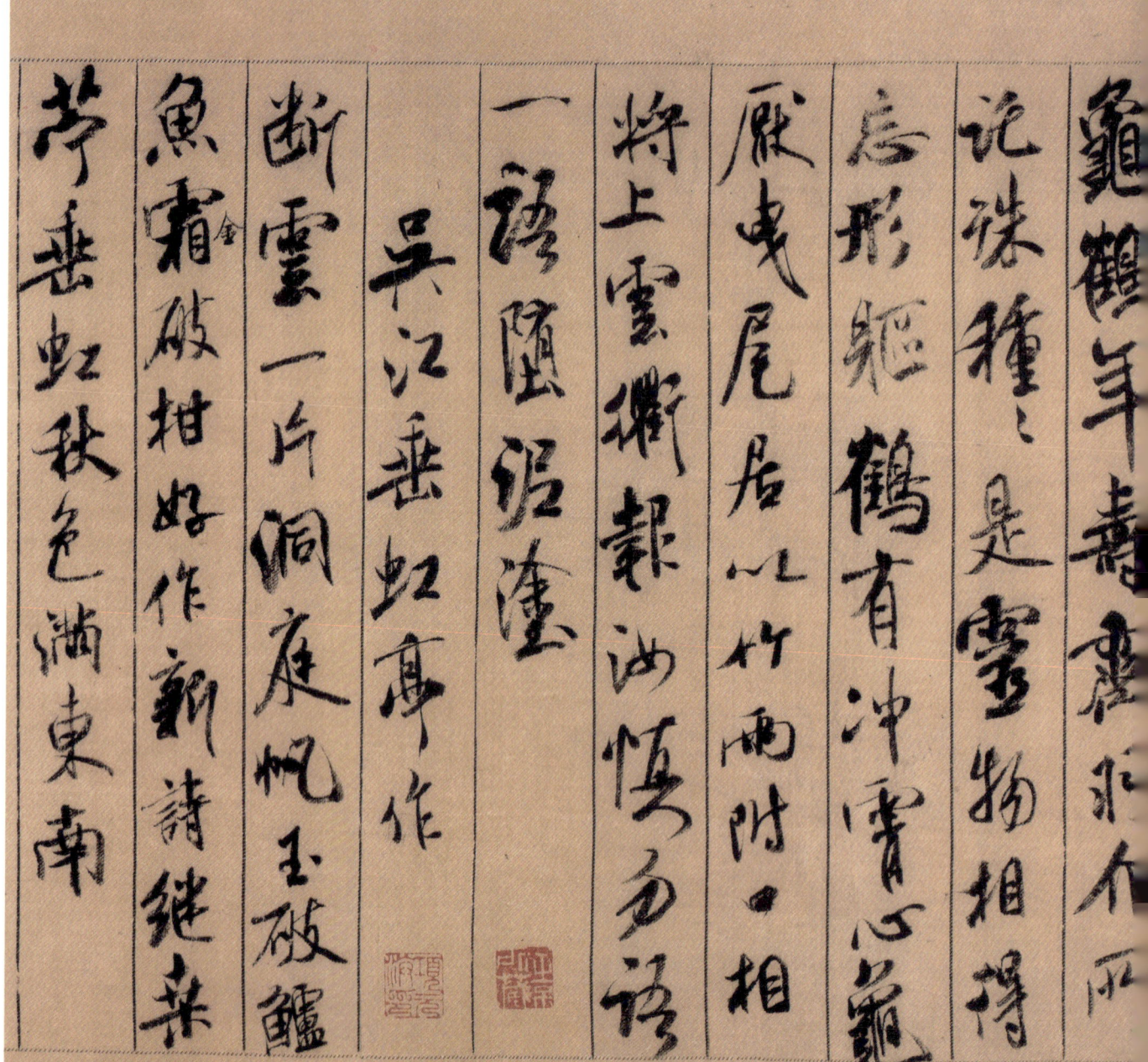

释文：拟古。青松劲挺姿，凌霄耻屈盘。种种出枝叶，牵连上松端。秋花起绛烟，旖旎云锦殷。不羞不自立，舒光射九九。柏见吐子效，鹤疑缩颈还。青松本无华，安得保岁寒。龟鹤年寿齐，羽介所托殊。种种是灵物，相得忘形躯。鹤有冲霄心，龟厌曳尾居。以竹两附口，相将上云衢。报汝慎勿语，一语堕泥涂。吴江垂虹亭作。断云一片洞庭帆，玉破鲈鱼霜（金）破柑。好作新诗继桑苎，垂虹秋色满东南。

名帖赏析

拟古

青松劲挺姿凌霄耻
屈盘种种出枝叶牵
连上松端秋花起绛烟
蒋旗蛰锦殿不美不
自立舒光射丸丸招见
吐子效鹤髮缩颈还
青松本无华安得保
岁寒之

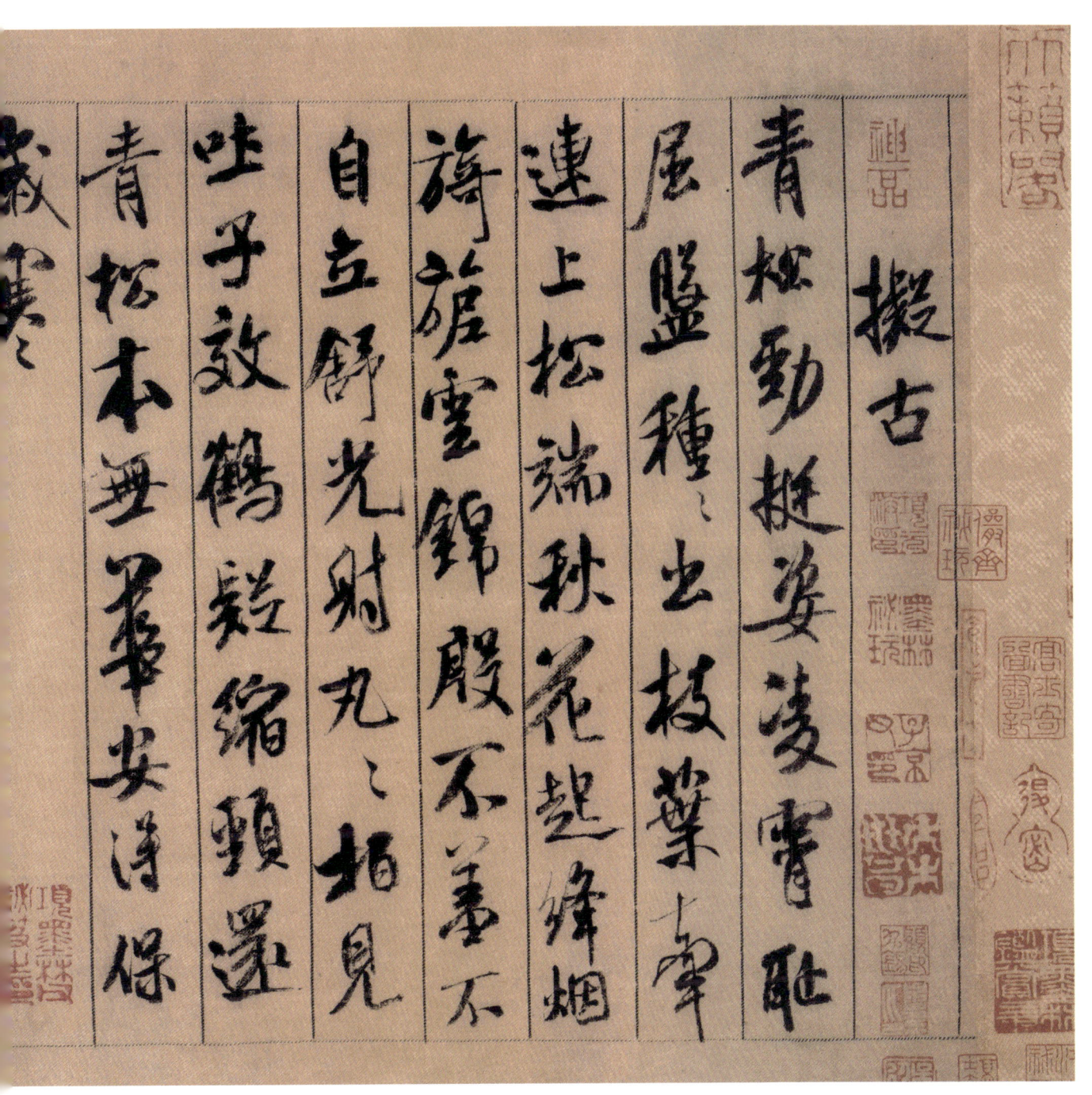

《蜀素帖》临写视频
临写者：张庆
手机扫码观看

[版权所有，请勿翻印、转载]

图书在版编目（CIP）数据

中国书法教育.六 / 黄啸主编；湖南美术出版社现代美术教育研究所编；解小青等著. -- 长沙：湖南美术出版社，2023.4
ISBN 978-7-5356-9969-5

Ⅰ.①中… Ⅱ.①黄… ②湖… ③解… Ⅲ.①书法课-教学研究-中小学 Ⅳ.①G633.955.2

中国版本图书馆CIP数据核字(2022)第240529号

ZHONGGUO SHUFA JIAOYU （LIU）
中国书法教育（六）

出 版 人：黄 啸
主 　 编：黄 啸
编 　 者：湖南美术出版社现代美术教育研究所
著 　 者：解小青等
责任编辑：冯亚君
责任校对：汤兴艳 伍 兰 何雨虹
版式设计：彭 莹
出版发行：湖南美术出版社（长沙市东二环一段622号）
经 　 销：湖南省新华书店
印 　 刷：湖南省日大彩色印务有限公司
开 　 本：889mm×1194mm 1/16
印 　 张：5.75
版 　 次：2023年4月第1版
印 　 次：2023年4月第1次印刷
定 　 价：68.00元

销售咨询：0731-84787105　邮　编：410016
电子邮箱：market@arts-press.com
如有倒装、破损、少页等印装质量问题，请与印刷厂联系斠换。
联系电话：0731-85512857